KAMI CHARISMA

カミカリスマ

Hair Salon Guide

東京
TOKYO

2021

Contents — 01

KAMI CHARISMA実行委員会より — 02

ごあいさつ — 06

Cut — 08

Cut/Men's Style — 180

Perm — 206

Hair Color —228

Treatment＆Spa — 262

INDEX — 300

※本書の掲載順に関して、カット部門は美容師の五十音順、パーマ、カラー、トリートメント&スパ部門は美容室のABC順で掲載しています。
※掲載されている情報は、2020年11月30日現在のものです。営業時間、定休日等は直接サロンにお問い合わせください。

フランスには「食」のミシュランがあります。

日本には「美容」のカミカリスマを創りました。

世界の中でも「美容」にまつわるコンテンツは大きな規模のマーケットを有しています。その需要は今後ますます広がっていくことでしょう。ここ数年、日本での美容体験、とくに「美容室での体験」に対してインバウンド需要が高まっているのはご存知でしょうか？

フランスには食のミシュランが存在しています。書籍をベースとした権威と信頼性によって食産業をより活性化させる「新たなマーケット」を世界中に広げているといえるでしょう。日本におけるそうしたオリジナルのコンテンツとは美容の技術、つまりカットやパーマ、カラー、トリートメントなど、美容室や美容師自身の繊細かつ高い技術性だと確信しています。本書はガイドブックとして日本の美容技術を世界に発信し、カリスマ職人たちの「個の力」を紹介していくものになります。

平成29年度厚生労働省統計によると全国には約24万軒の美容室、約52万人の美容師が存在しているといわれています。その中でも「東京」は世界でも類を見ない美容室の最激戦地区でもあります。

個人商店が多数を占めるこの業界は、世界に目を向けた成長戦略を残念ながら明確に打ち出せてはいません。そこでKAMI CHARISMAでは多くの美容師・美容室の中から東京のBEST100ともいえる個人や店舗を国内外の文化人・美容関係者など専門家チームによる専門調査によりピックアップしました。世界発信を行っていくことによって、美容師たちの技術錬成を促進し、単なる産業ではない誇るべき「日本文化」へと昇華させていきます。

本書は東京のヘアサロンの中から一般カット部門（美容師個人名）、メンズカット部門（美容師個人名）、パーマ部門・カラー部門・トリートメント＆スパ部門（美容室名）を選出し、掲載されたガイドブックとなっています。

【カミカリスマ7つの選定基準】

① 技術力

② デザイン性（Sense）

③ 世界への発信力

④ スター性

⑤ 今をつかむ表現力

⑥ 店舗・接客

⑦ 売上力

本書では美容室だけではなく「美容師個人」を対象にした世界でも珍しいガイドブックになっています。今回選ばれた90名の美容師、47軒の美容室に関してはいずれも上記の要素をクリアした選ばれしベストオブ髪カリスマともいえる美容師・美容室なのです。ここに登場する東京のBESTともいえる美容師、美容室は日本代表ともいえる存在であり、いずれも世界に発信できる高度な技術を持っています。

従来ならば「カリスマ」と呼ばれる人気美容師が存在し、高度な技術力と接客で多くのお客さまを集めてきました。令和時代に変わり、SNSなど世界への発信力も重要な要素になっているのは否めません。

本書ではガイドブックとして読者の皆さんへの「指標」としてハサミをイメージしたマークを入れています。日本の美容技術を世界へ発信する前提で上記同様、専門家チームによる覆面調査・専門調査によって上記7項目の要素を織り込み、指標を入れています。ぜひ日本の美容師、美容室を選ぶ際のガイドとしてお使いください。

KAMI CHARISMA実行委員会

KAMI CHARISMA東京2021アワード

2020年12月8日に昨年に続き帝国ホテルにて開催された「KAMI CHARISMA東京2021アワード」。実行委員会会長の麻生太郎先生、副会長の薗浦健太郎先生のご賛同のうえ、本書に掲載された美容師、美容室がそれぞれ表彰されました。多くのマスコミも駆けつけるなど盛大に開催されました。

主催:KAMI CHARISMA実行委員会
後援:外務省、経済産業省、厚生労働省、国土交通省観光庁、東京都、
日本政府観光局（JNTO）
認証:内閣官房beyond2020プログラム、文化庁「日本博」参画プロジェクト
協力:日本国際広報戦略機構

東京2021 Hair Salon Guideの使い方

1 カット / Cut

4

2 朝日光輝

SUNVALLEY

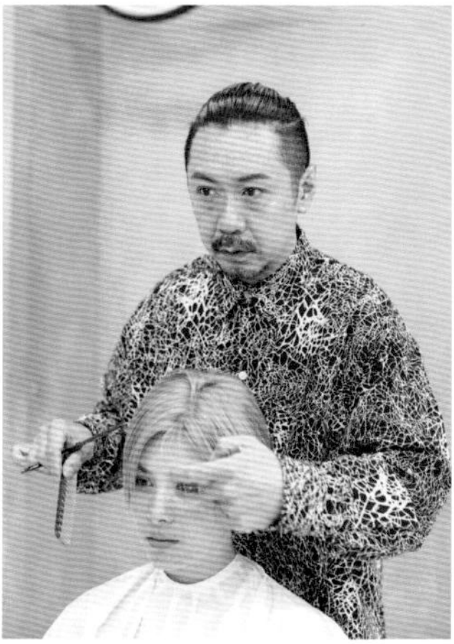

DATA

6

03-6427-3807
https://sunvalley.tokyo/
東京都港区南青山5-2-12 B1
火曜、第2・4月曜
11:00～21:00
木 10:00～19:00　土 10:00～20:00
日・祝 10:00～18:00
お店…@_sunvalley_
個人…@mitsuteru_asahi

7

▶ 完全予約制、個室あり

14

8

1

カット・パーマ・カラー・トリートメント＆スパと各ジャンルのインデックスと個人名や美容室名を掲載。

2

カットは美容師名と美容室名、パーマ・カラー・トリートメント＆スパは美容室名を掲載。

3

7つの選定基準に照らし合わせて選ばれたカミカリスマが推奨する美容師、美容室の解説。

4

スタイルづくりのセンスはもちろん非常に高度なカット技術を誇る東京を代表するカリスマ美容師。

発信力の高さも含めてそのスタイルづくりのセンスと非常に高度なカット技術を誇る東京を代表するカリスマ美容師。

高度な技術やスタイルはもちろん、東京の今を日本から世界に積極的に発信している究極のカリスマ美容師。

※掲載されている情報は、2020年11月30日現在のものです。
営業時間、定休日等は直接サロンにお問い合わせください。

MITSUTERU ASAHI

はらりと顔にかかる前髪が、ほどよいラフさを演出する。雰囲気のあるショートスタイル。

数多くのファッション誌や広告、ヘアショーにおいて、ヘア＆メイクとして活躍し、女性たちの夢を形にしてきた朝日氏。超多忙でも、美容師とヘア＆メイク、あくまで両方やるのが彼のスタンスだ。撮影後には毎日サロンに立つという。サロンワークでは一般の人にきれいになってほしいと、憧れをリアルに落とし込むことを大切にしている。ヘア＆メイクの経験を生かし、顔の形や髪質のみならず、肌色やメイク、ファッションまでトータルでバランスがとれた、自分でも再現できるスタイルを提案できるのが彼の強み。あらゆるテイストを得意とし、その神ワザを体験したいと新規予約は3年待ちというウワサもあるほどだ。コロナ禍の自粛期間中は、これまで挑戦できなかったことにも前向きに取り組み、YouTubeでの配信もスタート。営業再開後は感染症対策を徹底。これまでお客さまと築いてきた信頼関係があったからこそ、前年を上回る結果につながったという。多くの人が、自分と向き合う時間が増えたなかで、ヘアは気持ちを明るく前向きにしてくれる大きな役割を担っていると実感。美しくなるためのサポートにも、今後ますます力が入る。

3

15

5

Cut

Cut Men's Style

Perm

Hair color

Treatment&Spa

5

カテゴリーは一般カット部門、男性カット部門、パーマ、カラー、トリートメント＆スパに分かれています。

6

DATAは電話番号・サロンホームページ・住所・休日・営業時間・サロンのInstagram・個人のInstagramを記入しています。

7

店内イメージ写真を掲載しています。

8

予約制かどうか、個室の有無など必要情報も記入しています。

非常に高度なパーマ技術とセンスある仕上がりを誇る東京を代表する美容室。

非常に高度なカラー技術とセンスある仕上がりを誇る東京を代表する美容室。

非常に高品質で優れたトリートメント&スパ技術を誇る東京を代表する美容室。

KAMI CHARISMA 実行委員会　会長

麻生 太郎

副総理兼財務大臣、第92代内閣総理大臣
衆議院議員

ごあいさつ

KAMI CHARISMA 東京2021 Hair Salon Guide の発行にあたり、日本が世界に誇る美容文化と技術を編纂・紹介できることを大変喜ばしく思います。
さて、今、世界は、政治、経済、自然環境など様々な分野で困難な状況に直面しています。そのような中、東アジアに位置する島国という特殊な地理的条件に起因して独自の発展を遂げてきたわが国にあって、政治、経済のみならず、文化的な側面から果たすべき役割は大きいものがあります。
日本には、和食やアニメ、伝統芸能など、世界的にみてもオンリーワンのコンテンツが多くあり、美容文化もこれらに匹敵するコンテンツとして認知されてきています。
本企画で紹介するトップスタイリスト"カミカリスマ"をはじめ、日本の美容師たちは、日本人の特性ともいえる「研ぎ澄ます」「整える」「儚い」といった美意識を背景に、世界でも類を見ない稀有な技術力を有し、人々に夢や希望、潤いを与えるものとして、これからの世界になくてはならないものであると考えます。
世界から注目される東京で活躍しているスタイリスト、ヘアサロンの皆さま方が、これからも更なる技術鍛錬を積み、未来に向けて磨かれ続け、新たなる日本文化の担い手として、また、世界によき影響を与え続ける存在として、拡大・発展していくことを願ってやみません。

KAMI CHARISMA 実行委員会　副会長

薗浦 健太郎

自由民主党副幹事長、選挙対策委員会副委員長
衆議院議員

ごあいさつ

この度、KAMI CHARISMA 東京2021 Hair Salon Guide が盛大に刊行されますことお慶び申し上げますとともに、本企画で取り上げられるトップスタイリストの皆さまに、心よりお祝い申し上げます。また、選出にあたってご尽力された全ての方々に感謝申し上げます。
今、世界は、5Gと言われるデジタル革命、地球温暖化対策の推進など、政治、経済、文化など多岐にわたって、大きく変わろうとしています。また、店舗におかれましては、コロナ禍にあって感染対策を含め、ひとかたならぬご苦労がおありのことと拝察いたします。
そのような中にあって、「日本髪」と呼ばれていた時代から発展してきた日本の美容師の圧倒的な感性と技術力は、日本の誇るべき存在として、世界の美容に関わる様々な分野に及ぼす影響力は大きいものがあると考えます。
この企画により研ぎ澄まされた「美容」がますます充実、発展し、日本国内のみならず世界に対して発信され、産業としての美容のみならず日本の文化、観光の担い手としての美容へと昇華していくことを期待します。業界のますますのご発展とみなさま方のご健勝を心よりお祈り申し上げます。

薗浦 健太郎

饗場一将

k-two 銀座

DATA

03-6252-3285
https://k-two.jp/
東京都中央区銀座7-8-7
GINZA GREEN 6F
火曜
12:00～20:00　月 11:00～19:30
土・日・祝 10:00～19:00
お店…@ktwo_hair
個人…@ktwo_aiba

▶ 完全予約制、個室あり

シースルーバングで重めロングに抜けを出す。
巻きすぎない自然体の毛流れが今の気分。

お客さまに寄り添ったカウンセリングに定評があり、紹介や口コミでの指名率が高い饗場氏。女性誌やヘアカタログの撮影、セミナー講師、コンテスト審査員とサロンワーク以外の活動も盛んで業界内での信頼の高さをうかがわせる。また、美容業界で権威あるコンテスト「JHA」での入賞経験もあり、クリエイティブ力、技術力は確か。サロンのウリである「小顔ヘア」をベースに、コンサバからモードまで幅広いテイストを得意とする。“ヘアスタイルは生き様である”という考えのもと、骨格や髪悩みだけにとらわれず、人生に向き合ってさまざまな女性像を提案していくのが饗場流。本人曰く“憑依型”で、女性の立場になってどう見られたいか、どんなスタイルならハッピーになれるかを想像していくのだ。髪を切ることによって人生が大きく変わることがあるからこそ、“お客さま以上にこだわりを持つ”ことを信条にしている。マスクで表情が読み取りにくく、戸惑う美容師もいるなか「声に出せない思いをくみ取って形にするのが僕らの仕事。これまでと何も変わりません」と、カウンセリングのエキスパートらしい熱い言葉が返ってきた。

赤松美和

VeLO

DATA

03-5411-5051
http://velovetica.com/
東京都渋谷区神宮前3-25-5 4F-5F
月曜、第1・第3火曜
11:00〜21:00
日・祝 11:00〜21:00
（19:00までの時短営業）
お店…@velotokyo
個人…@miwaakamatsu

▶ 完全予約制

顔まわりを明るくするインナーカラーがトレンドだが、あえて暗くして引き締める。

元気を与えたいといつも思っていたけれど、実はお客さまからも「与えてもらっていたんだ」と改めて気づいたこの数カ月だった。変化する日常の中で気分が落ちないよう、プロとして心技体を整えることの大切さを実感。「仕事も人生も楽しくハッピー！」がモットーの赤松氏。いつのまにか代名詞ともなった「開運カット」はこんな時代だからこそ求められる。「髪が整うと心も整う」とヘアを通じて毎日パワーを発信し続ける。最近では年齢的にも実感を伴って、お客さまの悩みや課題に寄り添ったデザインを提供し年齢を重ねることも楽しめると自信を持って語る。「例えば、疲れて見えるのは避けたい大人世代こそショートバングが似合うのでぜひ試してほしい」と赤松氏は強調する。敬遠していた人も、マスクがあることでトライしやすくなったという。その時々の状況をプラスに転換し、ヘアを通じてワクワクする気分を感じてもらうことを心がけている。

阿形聡美

NORA Journey

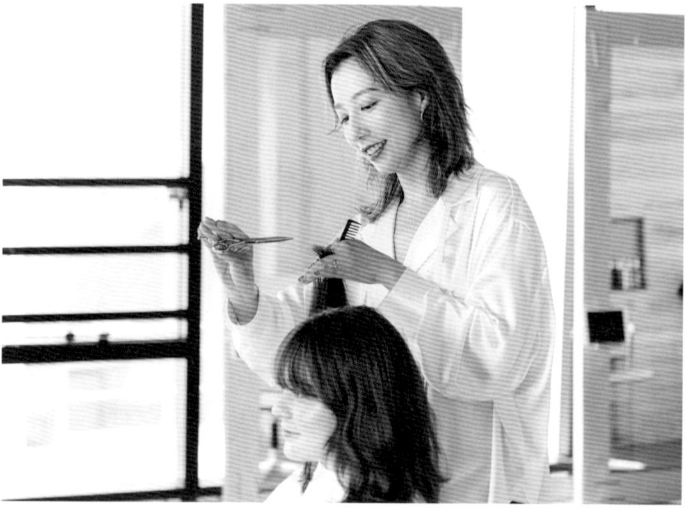

DATA

03-6804-3938
http://www.nora-style.com/journey/
東京都渋谷区神宮前4-3-21
NODERA BLDG 2F
月曜
11:00～21:00　土 11:00～20:00
日・祝 11:00～19:00
お店…@norajourney
個人…@satomi.agata

▶ 完全予約制

クセ毛をあえて動かし、旬のウルフ感をプラス。ヘルシーでハッピーなオーラが満載だ。

「本能的にドキドキさせる髪型」。それが、阿形氏が提唱する“エロ髪”だ。天真爛漫でヘルシーな色気を持つ女性像が、彼女の目指すところ。「人からどう見られるかより、自分がどうなりたいのかが大事」と語り、自分映えを楽しもうと呼びかける。阿形氏の魅力は、それだけにとどまらない。一見おしゃれなパーマにも見える彼女の髪は、実はクセ毛。以前は、縮毛矯正を繰り返していたという。クセ毛のお客さまのなかには、打ち消す提案ばかりされて、悲しい思いをしてきた方も多い。だからこそ絶対に否定はせず、肯定してあげたいと、クセ毛を生かすカット技術を編み出した。毛量の調整こそが、最大のポイント。クセ毛の場合、すきバサミを入れるとさらに広がるという固定観念があるが、髪が広がりにくいポイントを狙い、そこにセニングを入れるという。「これからの時代、美容師として選ばれるために、技術は大前提。そこに加えて人間力が必要」と語るとおり、さまざまなSNSを通して、スタイルだけでなくマインドの発信にも力を入れている。そんなポジティブな人柄に惹かれ、彼女のもとを訪れるお客さまは、後を絶たない。

朝日光輝

SUNVALLEY

DATA

03-6427-3807
https://sunvalley.tokyo/
東京都港区南青山5-2-12 B1
火曜、第2・4月曜
11:00～21:00
木 10:00～19:00　土 10:00～20:00
日・祝 10:00～18:00
お店…@_sunvalley_
個人…@mitsuteru_asahi

▶ 完全予約制、個室あり

はらりと顔にかかる前髪が、ほどよいラフさを演出する。雰囲気のあるショートスタイル。

数多くのファッション誌や広告、ヘアショーにおいて、ヘア＆メイクとして活躍し､女性たちの夢を形にしてきた朝日氏。超多忙でも、美容師とヘア＆メイク、あくまで両方やるのが彼のスタンスだ。撮影後には毎日サロンに立つという。サロンワークでは一般の人にきれいになってほしいと、憧れをリアルに落とし込むことを大切にしている。ヘア＆メイクの経験を生かし、顔の形や髪質のみならず、肌色やメイク、ファッションまでトータルでバランスがとれた、自分でも再現できるスタイルを提案できるのが彼の強み。あらゆるテイストを得意とし、その神ワザを体験したいと新規予約は3年待ちというウワサもあるほどだ。コロナ禍の自粛期間中は、これまで挑戦できなかったことにも前向きに取り組み、YouTubeでの配信もスタート。営業再開後は感染症対策を徹底。これまでお客さまと築いてきた信頼関係があったからこそ、前年を上回る結果につながったという。多くの人が、自分と向き合う時間が増えたなかで、ヘアは気持ちを明るく前向きにしてくれる大きな役割を担っていると実感。美しくなるためのサポートにも、今後ますます力が入る。

有村雅弘

imaii

DATA ✂ imaii scaena × colore

- 03-5411-2345
- www.imaii.com/
- 東京都渋谷区神宮前4-28-21
  ハーモニー原宿ビル 2F
- 火曜
- 10:00～20:00
  日・祝 10:00～19:00
- お店…@imai_incentive

▶ 完全予約制　※紹介のみ新規受付可。

MASAHIRO ARIMURA

毛先だけを巻いて、内面にある女らしさを引き出したヘア。
巻きすぎないのがポイント。

40年以上のキャリアを誇る、ヘア界のレジェンドの一人。後進の教育にあたりながら、現役でサロンに立ち続ける。有村氏にはじめてカットをしてもらった人は、仕上げ直後にえっ!?と驚くだろう。きれいに仕上がったと思っていると、彼の手によって崩されてしまうからだ。「手でバーッと崩して空気を入れると、やわらかく髪が動くでしょ。その雰囲気もいいし、ぐしゃっとしても元に戻るから大丈夫という僕からお客さまへのメッセージなんです」。再現性のあるスタイルをその場で証明してくれるのだ。また、髪は生き物であり、その人の情緒が現れているという。流行や似合うということだけではなく、お客さまの心にフィットしているかが大事なのだ。それに気づかせてくれたのは「有村さんがつくるヘアは私に似合ってはいるけれど、私の女をつくってくれるのは○○さんだから」というお客さまの言葉。ハンマーで殴られたような衝撃を受け、情緒にマッチしたスタイルづくりを基本に据えた。「こんな時だからこそ、お客さまをきれいにしてさしあげ、いかに喜びを与えられるかを一番に考えたいし、自分も喜べる仕事をしたいよね」と語ってくれた。

安齋由美

CHAUSSE-PIED EN LAITON

DATA

03-6452-5295
https://chausse-pied.jp/
東京都渋谷区恵比寿西 2-17-17 1F
火曜、第1月曜
11:00～20:00
土 10:00～19:00
日・祝 10:00～18:00
お店…@chaussepiedenlaiton
個人…@anzaiyumi_chaussepied

▶ 完全予約制

セットのしかたによって、ラフな格好よさと女の子らしい甘めな雰囲気の両方が楽しめる。

感度の高い人達が集まる代官山で人気を集めているのが、安齋氏が代表を務めるCHASSE-PIED EN LAITONだ。フランス語で真鍮の靴ベラという意味を持つ店名は、親しみをこめて“ショスピエ”とも呼ばれる。安齋氏が得意とするのは、モードなデザインをベースにした、カッコよさのなかにも抜けを感じられるスタイル。その人が持つ個性を引き出しながら、ときにはコンプレックスを生かすための提案をすることもあるという。王道のスタイルや流行りを追い求めるのではなく、どこか1カ所に他とは違う攻めたポイントをつくりつつ、可愛いと感じさせるヘアを発信する存在でありたいと語る。そのためにも、日常生活のなかにあふれる「可愛い」のヒントは見逃さない。目の前のお客さまが、店の外に出たときにどれだけ幸せな気持ちでいられるかを大切にしたヘアづくりは、コロナ以前から変わることはない。お客さまとの距離感を大事に、ヘアドクターのような存在でありたいと話す。「大きな夢はないけれど、自分も働くスタッフもお客さまも日々楽しく、自分のカットでお客さまが喜んでくれればそれが一番幸せです」と笑顔で語ってくれた。

飯田尚士

Belle

DATA ✂ Belle 銀座並木通り店

- 03-6883-5882
- https://belle-omotesando.jp/
- 東京都中央区銀座1-5-13 ZX GINZA 11F
- 火曜
- 12:30～21:30　金 11:00～21:00
  土 10:00～20:00　日 10:00～18:00
  祝 10:00～19:00
- お店…@hair_salon_belle
  個人…@belleiida

▶ 完全予約制

日常にとけ込むスタイルを意識。派手ではないけれど、目を引くものを、が飯田氏のヘアづくりモットー。

2010年、同じサロンで働いていた堀之内大介氏とともにBelleを立ち上げ、わずか10年で7店舗を構えるまで成長。離職率が少なく、スタッフの数も年々増えていき、それぞれがメディアやセミナー、ヘアショーなどで活躍する人気美容師だ。「人に誠実に、美容に誠実に」という社是のもと、目の前のことに真摯に取り組んできた結果だと話す。「僕らが経験してきたことを若いスタッフにも味わってほしいし、美容師になってよかったなと思ってもらいたい。下世話な話ですが、20才のころに描いていた、いい車に乗りたいとか、美容師として結果を出したいという夢は叶ったので、これからは次世代を担うスタッフ育成に力を入れていきたいんです」と、すっかり経営者の顔になっていた。もちろん美容師としてもまだまだ現役。ナチュラルだけど、どこかおしゃれというさじ加減が絶妙。「骨格だけでなく、ライフスタイルや性格までを含めての似合わせを考えています」。話ベタではあるけれど、「僕が必ず可愛くしますから」と誠実に向き合うことで、お客さまも心を開き信頼して任せてくれるという。"誠実さ"が飯田氏を表す一番の言葉かもしれない。

カット / Cut

池戸裕二

MINX 銀座五丁目店

DATA

03-3572-8700
https://minx-net.co.jp/
東京都中央区銀座5-7-6 i liv 4F
火曜
11:00～20:00
金 12:00～21:00
土・日・祝日10:00～19:00
お店…@minx.hairsalon.official
個人…@yujiikedo

▶ 完全予約制

顔まわりに独立したレイヤーを入れ、アレンジの自由度を高めたボブ。シンプルだけど個性が光るスタイル。

やわらかい物腰と笑顔が印象的な池戸氏。長年勤めた原宿エリアから銀座へと活躍の場が変わってもその人気は衰え知らず。20年以上のキャリアに裏打ちされた確かな技術で、大人女性から若い世代まで支持を得ている。サロンワークだけでなく、国内外のセミナー、ヘアショー、美容学校の講師のオファーも絶えない。さらにMINXの取締役の顔も持つ。今の地位を築くまでには、たくさん悔しい思いもしてきた。デビュー当時はなかなか売り上げが伸びず、悩んだという。そこで腐らずにどうすれば集客できるか自分で考え行動に移してきたことで、結果がついてきた。緊急事態宣言を受け、サロンも2週間の休業を余儀なくされた。「不安がなかったといえば嘘になりますが、これまで築いてきたお客さまとの信頼関係はこんなことで崩れることはないと自信はありました」。お客さまと再会したとき、ヘアサロンが持つパワーを再確認できたという。「人が生きていくうえで、見た目をきれいに整えることは心の活力につながるもの。サロンの雰囲気も含め、お客さまにエネルギーを与えられる存在であることに誇りを持っていきたいですね」と語ってくれた。

石川ヒデノリ

suburbia

DATA

03-6804-4720
http://suburbia-hair.com/
東京都渋谷区神宮前3-41-5
火曜
12:00～20:00
土・日・祝11:00～19:00
お店…@suburbia_hair_tokyo
個人…@ishikawa_hide

▶ 完全予約制

すきバサミを使わないことでまとまりとフィット感を引き出す。パサつきのない美髪に。

2006年のオープン以来、「乾かしただけで決まる、外国人風のやわらかいスタイル」が評判を呼び、感度の高い女性たちから絶大な支持を得ているsuburbia。自ら手がけたというおしゃれな内装は、まるで海外にいるような気分に。代表である石川氏が、美容師人生をかけて研究を重ね、日本人の髪質に合わせたカット技術を生み出した。骨格、髪質、等身バランスだけでなく、髪が落ちる方向まで細かく見極めるのが彼のこだわりだ。トレンドだけを提供しても、お客さまが扱いにくいと感じたら、そのヘアを好きになることは難しいもの。外国人風と再現性の両輪がきちんとまわってこそ、料金に見合った仕事でありお客さまからの信頼が得られるというのが信条。その軸をぶらさずに続けてきたからこそ、ファンがつき、さらに新しいファンがついてくるのだろう。今や定番となった外国人風カラーは、石川氏が元祖。独自のカラー剤やテクニックも多数開発。発色と持ちのよさは格段に違うと、満足度が高い。"技術は統一、センスは自由"という理念のもと、スタッフ教育にも力を注ぐ。美容師としての経験をまとめた本を執筆中という。楽しみに待ちたい。

磯田基徳

siki

DATA

03-6450-6992
http://siki-hair.net/
東京都渋谷区神宮前5-18-8
火曜
11:00～20:00
土・日・祝日 10:00～19:00
お店…@siki.hair
個人…@isodango

▶ 完全予約制

おしゃれ女子に人気のピンクカラー。細かいウェーブを大胆にくずして、甘さをおさえるのがポイント。

sikiの2店舗目に次いで、2020年には大宮に「type」を、12月には静岡に「Laundry」をオープン。磯田氏の経営者としての手腕は、若手を引きつけるマネジメント力もスピード感もあり、秀逸。siki、type、Laundryと別ブランドにすることで、それぞれの価値を高めることができると話す。オリジナルのオイル「mood oil」を発売したことも2020年のトピックだろう。発売前からInstagramで「＃ノースタイリングヘア」を打ち出していき、人気となったところでこの質感を出すために必要なオイルとして発売。また美容師向けのオンラインサロンをはじめたり、LINE@などを活用してお客さまの悩みにこたえて繋がりを深くしたりと、SNS世代らしい活動でファンを増やしている。「インプットはYouTubeから」と話す32才は、常に持つチャレンジ精神だけでなく「今は僕らがお客さまを助ける番」「今だからこそ信頼関係を深め、距離を縮めていきたい」と市場環境に左右されないお客さまとのリアルな関係性を重要視している。戦略を持って、美容師としても経営者としても新たな世界を切り開く磯田氏の今後にさらに期待をしていきたい。

板倉 充

Luxe

DATA

03-5414-5588
http://www.luxe-net.com/
東京都港区南青山4-21-23 宮田ビルB1F
月曜、第1・3火曜
火・木11:00～20:00
水・金11:00～21:00
土 10:00～20:00　日・祝 10:00～18:00
お店…@luxe_hair_salon
個人…@mitsuru.i69

▶ 完全予約制　※板倉さんは紹介のみ新規受付。

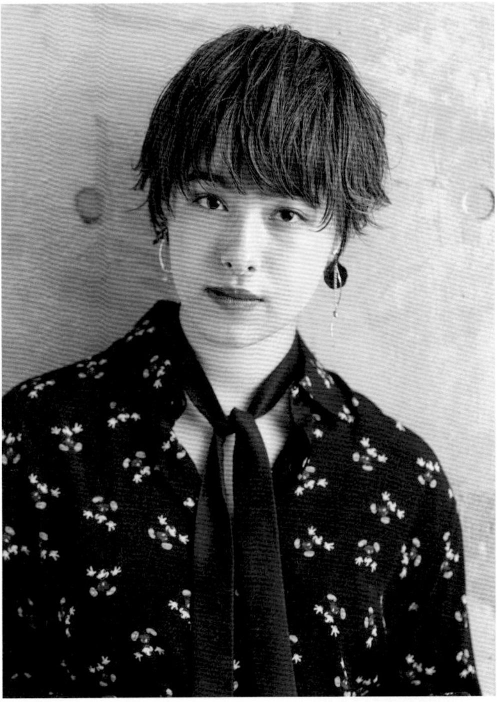

一貫して掲げている「マスキュリン&フェミニン」がテーマ。ウエットな質感で艶やかさを表現。

海外で技術を習得し、都内サロンで経験を積んだのちに独立。南青山にLuxeをオープンして15年になる。彼の専売特許といえば、髪を傷ませないカットと造形美が際立つショートスタイル。ショートを“動く彫刻”と呼び、エリアごとにていねいに質感、毛量調整を行っていくのだ。お客さまの新しい魅力を引き出してあげることが自分の仕事だと自負し、「おまかせ」しか受けないというのがポリシー。スキルの高さとデザイン力、経験値から「まかせてよかった」と言わせる自信があり、結果、お客さまも「あなたじゃなくては」と板倉氏のもとを訪れる。コロナ禍においても、客足は落ちることなく、むしろより忙しくなっているという。顔が絵画なら髪は額縁。今はマスクで顔が隠れてしまうため、顔を引き立てる髪の役割りがより大きくなった。だからこそ、美容師の本質であるカット技術が問われる時代。「スタッフ含め、カットとデザイン力のスキルアップにより力を入れていこうと思っている。そこに僕らの価値があるわけだから」。好奇心旺盛な板倉氏らしく、最先端の薬剤や技術も積極的に取り入れている。新しいメニューにも期待が高まる。

伊東秀彦

PEEK-A-BOO 原宿

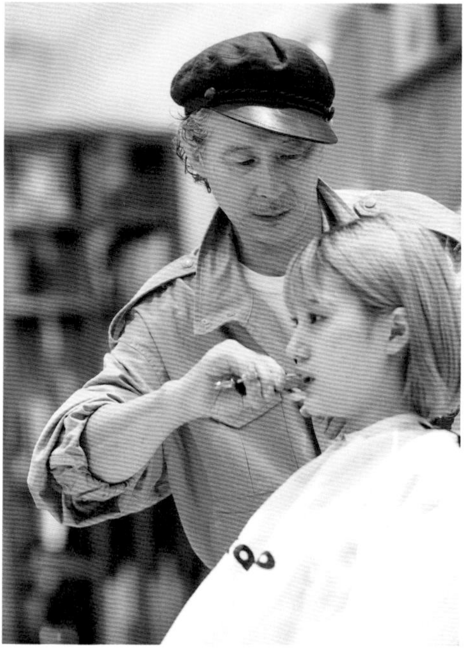

DATA

- 03-5468-0822
- https://www.peek-a-boo.co.jp/
- 東京都渋谷区神宮前6-27-8
  エムズ原宿 4F
- 月曜
- 10:00～19:30
  日10:00～19:00
- お店…@peekaboosalonsofficial
  個人…@hidehikoito

▶ 完全予約制

顔まわりにポイントカラーを入れ、遊び心のあるボブに。表情が明るく見える。

洗練されたハサミさばきと時代の先を読んだデザイン力は美容業界の宝。「ツーセクションカット」の第一人者で、その技術と作品を集めた著書も若き美容師たちのバイブルとなっている。サロンでは、手入れのしやすさとライフスタイルに合わせたヘアデザインづくりを大切にしている。コロナ禍でサロンに通う頻度が減った今は、数カ月先でも崩れにくい持ちのいいカットをより意識するように。年配のお客さまも多いこともあり、半年近くカットに来られずにいた方も。しかし、それをマイナスに捉えず、いつもとは違う大胆なヘアチェンジに挑戦する人が増えたそうだ。「毎月サロンに来ていると“いつもと同じで”とオーダーしがちだけど、せっかくだから……とアシンメトリーにしたり、思い切ってショートにしたり、増えた白髪を生かして色遊びをしたりとお客さまも楽しんでスタイルを考えるようになりましたね。何かと制約が多い世の中だけど、ヘアデザインの自由度がより広がって美容師としての楽しみがまた増えましたよ。発想の転換は大事だよね」と笑顔で語ってくれた。

伊輪宣幸

AFLOAT JAPAN

DATA

03-5524-0701
https://www.afloat.co.jp/salon/japan/
東京都中央区銀座2-5-14
銀座マロニエビル10F
月曜
11:00～21:30　火 11:00～19:00
土 10:00～20:00
日・祝 10:00～19:00
お店…@afloatjapan　個人…@iwa_short

▶ 完全予約制、個室あり

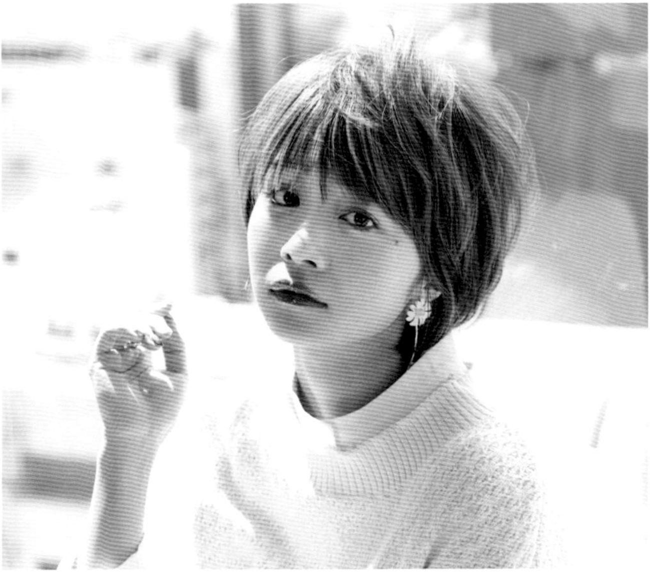

女性らしい丸みと抜け感のあるミニーショート。
可愛さと色っぽさを兼ね備えたヘアだ。

総売り上げ月間1,500万円を達成。アスリートさながら、常にトップを走り続ける伊輪氏。1日のカット人数の最高記録は63人、売り上げは110万円を超えたという。彼の代名詞は、女性らしい丸みと抜け感のある「ミニーショート」。男性目線からの「可愛い」を必ず入れ、思わず声をかけたくなるような隙を感じさせるヘアだ。ポイントは首元のくびれ。圧倒的な場数を踏み、自分を極限まで追い込んだことで、どこにハサミを入れるか決断する瞬発力と、カットでくびれを作る技術が飛躍的に上昇。これまでよりも格段に頭と顔を小さく見せられるようになったという。彼がここまで自分を追い込む原動力となるのは「人生を最大限楽しみたい、美容師という仕事を通して青春をしたい」という思い。自分のカットでお客さまに幸せになってもらえなければ楽しくないと、夢中で髪を切り続けてきた。その結果が売り上げや記録にも表れたのだろう。ショートヘアは変化率が高く、お客さまの人生を特に大きく左右するスタイル。だからこそラクはせず、一番厳しい環境に身を置くことで、自分の潜在能力を引き出していきたいと、情熱の炎はまだまだ消えない。

上田竜二

THE REMMY

DATA

03-5413-4068
http://www.the-remmy.tokyo/
東京都渋谷区神宮前3-20-15
火曜
10:00～19:00
金 12:00～20:00
土 9:30～19:00
日・祝 9:00～18:00
お店…@the__remmy__tokyo

▶ 完全予約制　※2021年1月8日より表参道に移転。詳細はHPをご確認ください。

風を感じる動きのあるスタイルが得意。
やわらかな質感はレザーカットならでは。

「いらっしゃいませ！」「こんにちは！」。明るく弾むような声でスタッフ全員が出迎えてくれるTHE REMMYを束ねるのが上田氏。イマジネーションあふれるデザインへの評価が高く、コンテストでの受賞歴も多数。カットのほとんどをレザー1本で行い、肌にフィットするやわらかい質感を生み出す。ときには大胆に、ときには繊細に彫刻を削るように髪の形をつくり上げていくのが上田氏のスタイルだ。サロンでは慎重派でベーシックなデザインが中心。お客さまとの信頼関係が築けてから、新しい提案をするよう心がけている。個性豊かなスタッフがそろうなかで「僕はおしゃれじゃないから」と謙遜するが、サロンの隅々に置かれた本や写真集はほぼ彼の私物。サロンで流れる音楽のセレクトも担当。そのどれもが彼のイメージの源だ。「技術はあって当たり前の世界だから、サロンの空気づくりは大切にしています。○○さんのお客さまではなく、全員のお客さまとして接客することもそのひとつ。5年かけてようやく理想のサロンに近づいてきました」。より大人が楽しめるよう、表参道への移転が決まっている。どんな世界を見せてくれるのか期待したい。

エザキヨシタカ

grico

DATA

03-6427-9062
http://grico-h.com/
東京都渋谷区神宮前6-14-12
モード・エス 2F・3F
無休
11:00～21:00
日・祝 10:00～20:00
お店…@grico0221

▶ 完全予約制

自分でもセットできるリアルな毛流れを意識。目にかかるかき上げた前髪に遊び心を感じるスタイル。

「美容師という仕事は本当にいい仕事」と断言するエザキ氏。努力することが裏切らない仕事であり、自分が一番頑張ったといえる人が成功するからだ。24才という若さで独立し、原宿という競争の激しい場所で成功した彼のもとにはメディアの取材オファーも多い。そんなときは「髪を通して人生に寄り添っていきたい」、「お客さまの人生をうるおすことができる」と、美容師という仕事の素晴らしさを伝導する姿がある。彼の技術やアイデアに魅せられ、地方の美容師も客として訪れる。さらに同業である美容師からの紹介で来てくださるお客さまも多いという。「gricoなら安心」と自粛期間中も客足は途絶えることはなかった。マスクをしていることで前髪やカラーの見え方、耳にかけたときの印象は意識するが、それ以上にお客さまがどういう気持ちなのか、心情にアプローチしたスタイルを提案するようになったという。数々の結果を残してきているエザキ氏のもとにはプロダクト開発の依頼も多く、2020年も新しいスタイリング剤を発表した。美容室以外の収益も考え、アパレルも展開。彼がつくるヘアに合わせた「グリコ クロージング」にも注目だ。

大川英伸

Praha

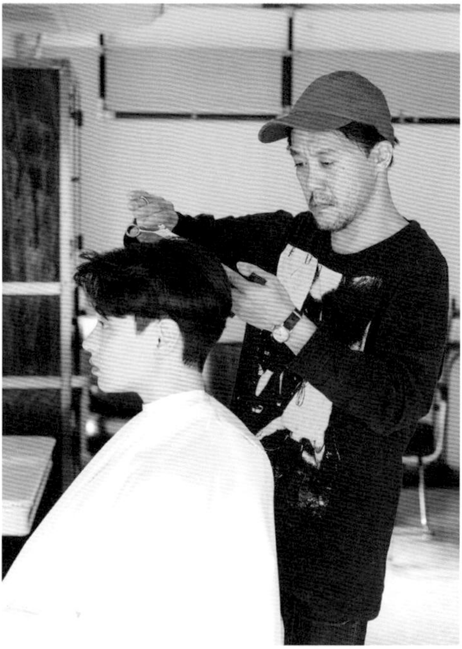

DATA

- 03-6415-6421
- http://salon-praha.com/
- 東京都渋谷区代官山14-6
- 水曜
- 11:00～21:00
  土 10:00～20:00
  日 10:00～19:00
- お店…@hair_salon_praha
  個人…@praha_ohkawa

▶ 完全予約制

クセ毛を生かした丸みのあるシルエット。
彼女の持つ中性的な雰囲気を存分に表現したヘア。

好きなものに囲まれ、自分らしいおもてなしをしたいと2006年にPrahaを立ち上げた。2018年には「Moonlight」をオープン。ここはあえて発信をせず、大川氏のお客さまだけが入店できる完全プライベートサロン。Prahaはギャラリーやカフェを併設しており、色々な人が出入りできる本当の意味での“サロン”だ。「ギャラリーを見たついでに髪を切るのもいいし、お茶をしにきたら髪まできれいになれてハッピーになれるとか、型にはまらないものを目指したい。他とはかぶらない唯一無二のサロンでありたいという気持ちは、この一年でより強まりました」。大川氏が生み出すヘアデザインも唯一無二。ナチュラルな中にもモードやストリートを取り入れ、一歩先行くデザインが魅力。外見だけでなく、その人の背景にあるものも含めて似合うスタイルを作ることに長けている。引き出しは多ければ多いほどいいと、技術を高めること以上に知識を増やすこと、趣味を広げることを大事にしている。店内にぎっしりと並ぶレコードは圧巻だ。長いつき合いを重ねているからこそできる、ヘアスタイルの変遷を写真で追った「経年変髪」もチェックしてほしい。

岡村享央

MINX

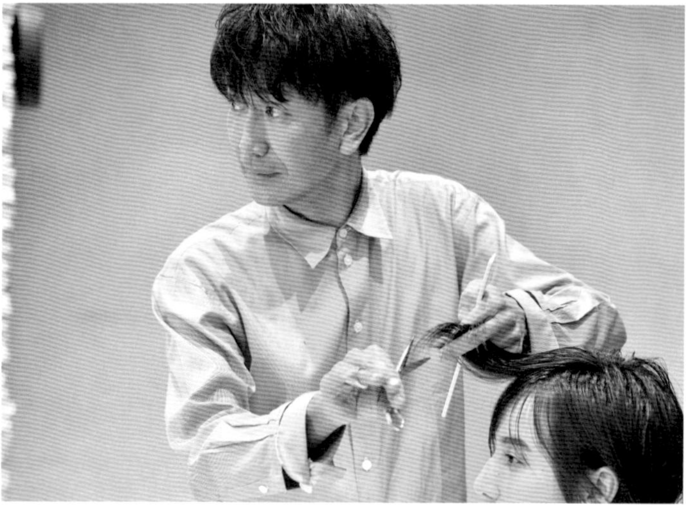

DATA ✂ MINX 銀座店

- 03-5159-3838
- https://minx-net.co.jp/
- 東京都中央区銀座2-5-4
  ファザード銀座 2F・7F
- 火曜
- 11:00～20:00
  金 12:00～21:00
  土・祝 10:00～19:00
- お店…@minx.hairsalon.official

▶ 完全予約制

前髪の内側を短くカットすることで、
気分やファッションに合わせてアレンジできる万能ショートボブ。

サロン激戦地で30年以上続くMINXの代表を務めるのが岡村氏。彼のテクニックをまとめた書籍やDVDを見て練習を重ねてきた美容師も多いはずだ。MINXが圧倒的なカット技術を持つ集団として支持を得ているのは、ベーシックカットをとことん追求する教育にある。感覚に頼るのではなく、体にしみこむまで練習を重ねるのだ。休業期間中も課題を与え、手を休めることはなかった。卓越したカット技術に付随する、似合わせデザインと提案力も彼の得意とするところ。目の前のお客さまとの会話を大切にし、そのときの気分にフィットするスタイルを提案。お客さまも一緒に年を重ね、髪悩みが増えてくる年齢の女性が多い。その悩みを解消するために、試行錯誤を繰り返すことで新たなテクニックを身につけることができるという。「お客さまに飽きられたら、美容師としての価値はなくなってしまう。常に新しい提案ができること、僕に任せれば大丈夫という安心感を与えられることで、お客さまと長くつき合っていけるのだと思います」。ヘアデザインを通しての信頼関係が厚いからこそ、大変な時代でも、彼に切ってほしいと客足が絶えることはない。

奥山政典

BEAUTRIUM Aoyama St.

DATA

03-5775-2371
https://beautrium.com/
東京都港区北青山3-3-11 ルネ青山 2F
火曜
11:00～20:00
木 10:00～19:00
土・日・祝　10:00～19:00
公式…@beautrium_official
お店…@beautrium_aoyamast

▶ 完全予約制、個室あり

クセを生かしたウェーブヘア。ナチュラルななかに、
重さを残したカットラインで辛口に。

30年以上のキャリアを持つ大ベテランの奥山氏。BEAUTRIUMのオープニングスタッフとして参加し、姉妹ブランド「CIRCUS by BEAUTRIUM」の立ち上げにも携わる。やわらかい質感のロングヘアは、本物を知る大人女性たちを魅了してきた。ヘアは洋服と同じ身につけるものという考えから、着心地のよさを大切にしている。お客さまのしたいことよりも、したくないことを親身に聞き出しながら最終的に手にとってもらえるデザインを提案。自粛期間中は、コロナ禍だからできないことを考えるのではなく、今だからできることに力を注いだ。お客さまの髪を切ることができないのなら、ウィッグに向き合えばいい、今を発信できないのならこれまでの作品を見直せばいい。前に進めない時間だったかもしれないが、営業再開後に向けて大きく飛躍するための準備期間ととらえていたのだ。進歩することを忘れない姿勢があるからこそ、第一線で活躍できるのだろう。サロンが大事にしている「ナチュラル＆ちょっとのインパクト」こそが、ベーシックが求められる今の時代にマッチしているのではないかと、原点の大切さも再確認した時期でもあったのだ。

小田嶋信人

ABBEY

DATA

03-5774-5774
https://www.abbey2007.com/
東京都港区南青山5-7-23 始弘ビル 2F
月曜、火曜
11:00～20:00
土・日・祝 10:00～18:00
お店…@abbey_abbey2_abbeyginza
個人…@abbeyodaji

▶ 完全予約制、個室あり

髪を明るくしたい人が増加中。毛先だけを動かしたラフ&ラクなスタイルが時代にマッチ。

ABBEYの立ち上げメンバーで、発展に貢献してきた一人。モデルやアスリートなどの顧客を持ち、正確なカット技術とセンスの高さで、年齢問わず幅広い層から絶大な支持を集めている小田嶋氏。根っからの美容好きで、とにかく髪を切ることが好きだという。東京の美容師というとトレンド中心と思われるが、彼は基本に忠実で迷ったら基本に立ち返るというのが信念。日常生活で扱いやすいボブやショートが得意で、フォルムの美しさに魅了される。常に明るい笑顔で接し、お客さまの悩みに寄り添い、ちょっとした表情や仕草も見落とさない姿は後輩たちの指針になっている。ステイホーム中、リスクがあるなかでも来店してくださったお客さまには、今まで以上の感謝を感じたそう。その思いをしっかりと受け止めて、基本に忠実に扱いやすく、持ちのよいスタイルを提供したいと改めて誓った。彼の技術を盗みたいと全国で行われるセミナーはいつも満員。コロナ禍で動画配信に変わってもその人気は健在。「with LIVE」を使った新たなセミナーの形も模索中。後進の指導のため、また美容業界を盛り上げるために、立ち止まってはいられないのだ。

小村順子

ACQUA omotesando

DATA

- 03-3400-8585
- http://acqua.co.jp/
- 東京都渋谷区神宮前5-2-14
  ゲートスクエアビル2F
- 月曜
- 11:00～21:00
  土 10:00～19:00
  日・祝 10:00～18:00
- お店…@acqua_hair_catalog

▶ 完全予約制

首元のくびれと顔まわりのタイト感がポイント。
アバンギャルドで二面性のあるスタイル。

常に第一線で活躍してきた日本を代表する美容師の一人。どんなテイストのデザインでも自在につくり上げる小村氏だが、彼女の真骨頂は「現実になじむモード」。お客さまの骨格や顔立ちに合わせて100%その人のためだけのデザインを考えれば、たとえ斬新な髪型であっても不思議とフィットして見えるという。自分にしかつくれないオリジナリティが大切だからと、あえてファッション誌は見ずにスケッチブックに向かってデザインを考えるのが彼女流。誠実にお客さまと向き合い、信頼を積み重ねてきたからこそ、母から娘、娘から孫と3世代で来店するお客さまも多い。コロナ禍では、前向きな性格の小村氏も不安になることもあったというが、自分にできるのは「髪を整えることで一人一人の気分を明るく元気にしてさしあげること」に気づき、外見だけでなく、気持ちも晴れやかにできる存在でありたいという思いを強めた。今後はより一層、美容師も選ばれる時代だから、あるときは親しい友人、あるときは頼れるパートナー、あるときは美容の専門家というふうに美容師の意味をどれだけ多く持たせられるかが重要だと熱く語ってくれた。

kazu

CARNIVAL

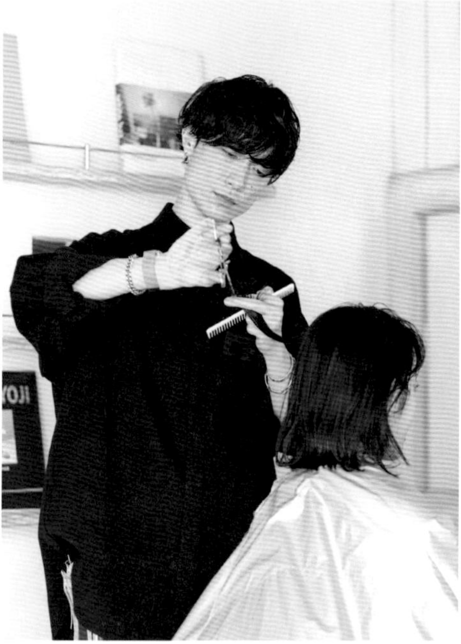

DATA

03-3557-2232
http://carnival-tokyo.com/
東京都練馬区栄町2-7 フローラ21 1F
無休
11:00～20:30
土・日・祝 9:30～19:30
お店…@carnival.hair
個人…@kazu_carnival_

▶ 完全予約制

「素材を見極め、カットデザインでその人らしさを引き出す」
サロンの信念を現したデザイン。

ミルボンが主催するDA INSPIREで東アジアNo.1に輝いたkazu氏。彼がコンテストで名を上げるのは、すべてお客さまの笑顔のためだという。「ただオーダー通りに切るのではなく、少しのハズしをつくることで、お客さまに可能性を見せてあげられるのが真の美容師」という信条のもと、ヘアスタイルを図面に描いて落とし込み、似合わせをジャッジするための目を養ってきた。派手な技術は持たない分、生えグセを修正したり、ふくらみをおさえたりといった、髪の毛を顔やスタイルにフィットさせるための引き出しを増やす勉強を重ねてきた。細かい仕事なら誰にも負けないというプライドがある。理容師時代に培った緻密なカット理論を武器に、ボブからショートといった、ハサミの力が一番効いてくるレングスを手がけることが多い。SNSの発展とともに、プロとアマチュアの垣根が薄れてきている時代だからこそ、プロとして専門的な知識をお客さまに伝わる言葉で説明する義務と責任があると考える。都心から少し離れたエリアで、地域密着で営業しているからこそ、特別な場所ではなく、お客さまにとっての身近な美容のパートナーでありたいと願っている。

片山良平

LONESS　omotesando

DATA

- 03-5413-7928
- http://loness.jp/
- 東京都港区南青山3-15-6
  ripple square D2階
- 火曜、第2月曜
- 11:00～21:00　木 11:00～20:00
  土 10:30～20:00　日・祝 10:30～19:00
- お店…@loness0301
  個人…@ryohei_katayama

▶ 完全予約制、個室あり

あえてブローせず、もみあげのクセを生かして。ヌーディーで同性からも愛されるスタイル。

店名のLONESSは、「Love＆Kindness」の頭文字と語尾をとって名づけられた。その名の通り、サロンはウッドとグリーンのあたたかみが感じられる心安らぐ空間だ。片山氏といえばその端正な顔立ちとさわやかな笑顔からイケメン美容師としても有名だが、技術に対するストイックさは人一倍。「得意ジャンルは決めず、オールマイティでありたい」と語るとおり、どんなお客さまの要望に対してもプロの視点から期待以上の「可愛い！」をつくり上げる。くせ毛のカットにはとくに自信があるといい、骨格や顔のバランス、髪質に合わせた、家でも簡単に再現できるスタイルづくりには定評がある。昨今では、マスクありきでも女性らしくやわらかな印象をつくるために、顔まわりやもみあげの毛をうぶ毛のような質感に仕上げ、ニュアンスをつけることが増えたという。コロナ禍においては「女性の幸せをつくる」という思いがさらに強まったといい、「まわりが気づかないくらいの少しの違いでも印象が変わり、内面をも変えられるのがヘアの力。だからこそ、自分がいい！と思えるヘアにチャレンジしてほしい」とお客さまへの思いを語った。

金子 史

AFLOAT D'L

DATA

- 03-5778-0386
- https://www.afloat.co.jp/
- 東京都港区南青山5-6-26
  青山246ビル 4F
- 月曜
- 12:00～21:00　土 10:00～20:00
  日・祝 10:00～19:00
- お店…@afloat.official
  個人…@kanekofumi

▶ 完全予約制、個室あり

やわらかな質感のロングヘア。何もしなくても可愛く決まるよう、カットでデザイン。

女性美容師が活躍する時代ではあるが、まだまだ男性優位のなか代表・宮村氏の右腕としてCOOを務める金子氏。雑誌や広告などでヘア＆メイクとしても活躍していたが、東日本大震災を機に「目の前のお客さまを大切にしたい」と原点に戻ることに。18年も彼女一筋で通っているお客さまもいるという。「年数関係なく、お客さまに選ばれることが仕事へのモチベーションにつながりますし、マンネリ化せず飽きさせない努力をしなければと強く思いますね」。また通いたくなるのは、先の先まで考えたデザインの提案力にある。カットしたてのヘアがお客さまにフィットしていることは当たり前で、3カ月後、半年後……気分が変わり違う髪型にしたいときでも対応しやすいようにカットをするのが金子流だ。また、カットだけで決まる再現性の高いスタイルにも定評がある。髪を巻かなくても動きが出るようにするのが得意。美容師本位にならないよう、お客さまがしたい髪型ありきで考え、仕上がりイメージを共有できるまでハサミを入れないのも信条。鉄板スタイルは決めず、お客さまが納得し、誰から見てもいいねと言われるスタイルをつくり続けたいという。

金田和樹

SHIMA DAIKANYAMA

DATA

03-3461-8851
http://www.shima-hair.com/
東京都渋谷区代官山町20-20
モンシェリー代官山 2F
無休
11:00～20:00
土・日・祝 10:00～19:00
お店…@shima_official_account
個人…@kaneta.hair

▶ 完全予約制　※女性客限定

ニュアンスをつけた顔まわりのレイヤーが、色気と小顔を叶えてくれる。束感前髪で可愛げをイン。

時代の最先端を行くSHIMA。代官山店の店長を務めるのが金田氏。デザインカラーがクローズアップされがちなサロンだが、彼が得意とするのは品のある色っぽヘア。骨格や髪質に合わせるのはもちろん、ファッションとのバランスも重視してデイリーにマッチするヘアを提案。といってもそこはSHIMA。他とは違うおしゃれスパイスを投入していくのが金田流の色っぽヘアだ。顔まわりのレイヤーに思いを込め、お客さまの魅力を引き出しながら小顔にも見せていくスタイルにファンが多い。美容師個人がブランド力を持つ時代において、彼もInstagramでヘアスタイルを発信。自分にしかできないヘアスタイルをつくり続けることが、この競争に生き残る手段だと考える。サロンワークでは独りよがりにならず、希望のスタイル写真を見せられたときにお客さまの心の中を読み取ることを忘れない。1枚の写真から、どうなりたいのかを聞き出し理想を叶えていくのだ。売り上げに固執していた時代もあったが、今はお客さまの笑顔を引き出すことに力を注ぐ。女性のきれいになりたいという思いが失われない限り、全力で応えていきたいとコロナ禍で改めて誓ったという。

金丸佳右

air-AOYAMA

DATA

03-3486-8261
http://www.air.st/
東京都渋谷区神宮前5-51-8
La Porte Aoyama 5F
火曜
11:00～21:00　木 11:00～20:00
日・祝 10:00～19:00
お店…@air_lovest
個人…@marumaru5528

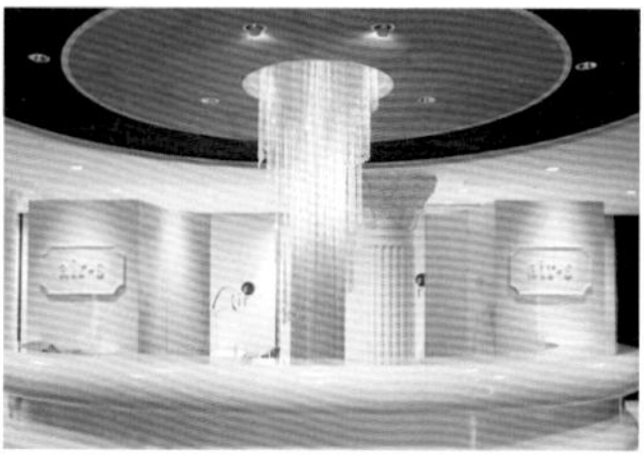

▶ 予約優先、個室あり

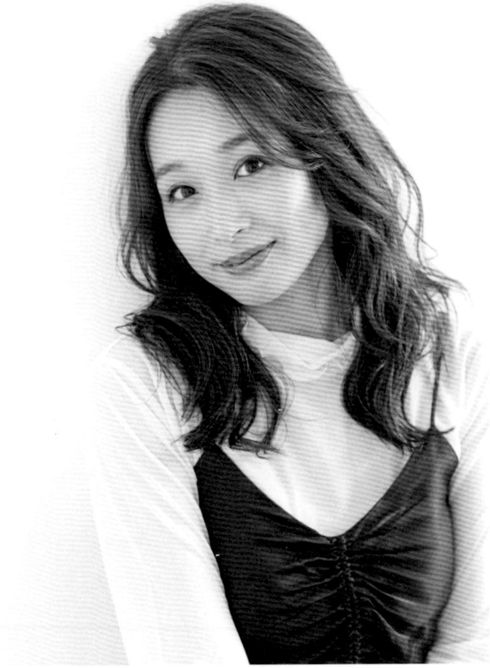

大人女性に似合うルーズな巻き髪。品のよさを感じさせるフェミニンなスタイルが推し。

東麻布に誕生してから21年。着実な歩みを重ね日本のトップ美容集団となったairで、長年技術売上№1に輝く金丸氏。今があるのはファッション誌の現場で学んだことが土台にあるという。ファッション誌では洋服が主役で、ヘアだけが主張してはいけない。洋服、メイク、ヘア、そしてモデルのキャラクターをトータルでどう見せるかが重要。それは日常生活でも同じではないかと、サロンでのスタイルつくりにも生かした。お客さまの希望に耳を傾けながら、季節や洋服のトレンドを考慮しプロの視点で魅力的に見えるヘアを提案するのが彼の流儀。どんなに長いつき合いのお客さまでもカウンセリングに時間をかけ、必ずその日のファッションをチェックするという。カットでは顔まわりのつきり込みが得意。「金丸トライアングル」と呼ばれるカットで、ベースの重さは残しつつ軽やかに仕上がるという。マスクをしていることで蒸気が上がり、前髪のうねりや崩れを気にする人が増えたそう。より顔まわりのつくり込みに力が入る。「自粛期間中はジムでトレーニングができなかったことが、ストレスでした」というのが、元祖筋肉美容師らしい。

川島文夫

PEEK-A-BOO 青山

DATA

03-5466-6311
https://www.peek-a-boo.co.jp/
東京都港区北青山3-6-16
表参道サンケイビル 2F
月曜
10:00～19:30
日 10:00～19:00
お店…@peekaboosalonsofficial
個人…@fumio_kawashima

▶ 完全予約制

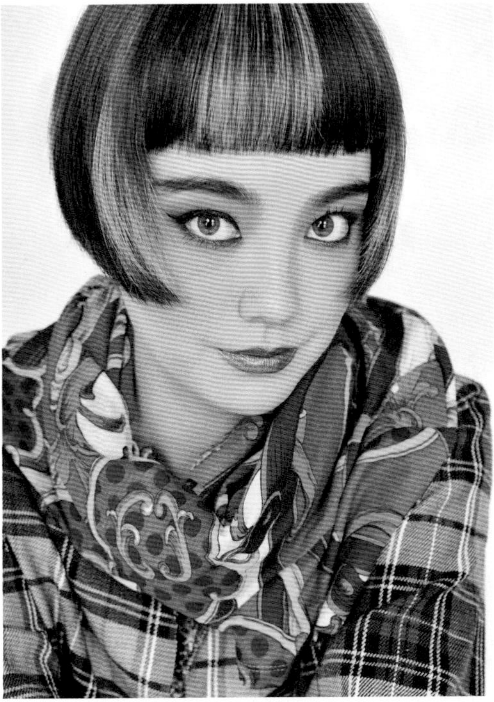

時代は「一人二役」。ボックスボブはそのまま、計算されつくした元気なカラーリングを提供。

日本の美容界の礎を築き、いまだ最前線に立ち続ける川島文夫氏。今日も朝一番の時間からお客さまと向き合い続けるレジェンド。ロンドンのヴィダル・サスーンで修業をし、1977年にPEEK-A-BOOを設立。40年以上も前にカットラインの美しさが際立つ「ボックスボブ」を生み出し、いまだその進化も深化も止まることはない。サロンワークはもちろん、セミナー、撮影、Instagram、そしてサロン経営まで、驚くほど精力的に活動をしている徹底された現場主義者。「1㎜の妥協も許さない技術力こそがホスピタリティ」と常に語る川島氏が強調するのが「こういう時代だからこそ来店頻度も延びる分、持続可能なスタイルをプロとして提供したい」というサステナビリティの哲学。ニューノーマルな時代だからこそ「美容師はプロとしてのフィロソフィが必要」「美容師もこれからは一人二役の時代が来るね」と話す。積極的に時代の変化に対応する姿勢は、早くから顧客管理をデジタル化するなど、時代の最先端を表参道で見つめ続けてきたプロフェッショナルならではの視点。「最も大切なのは清潔さを保つこと」と原点回帰しながら、今日も現場に立ち続ける。

川畑タケル

BEAUTRIUM 七里ヶ浜

DATA

0467-39-1201
https://beautrium.com/
神奈川県鎌倉市七里ガ浜1-1-1
WEEKEND HOUSE ALLEY #04
火曜
10:00～19:00
お店…@beautrium_shichirigahama
個人…@takeru_kawabata

▶ 完全予約制

ナチュラルなウェーブをベースに、手作りアクセサリーでちょっとのインパクトを。
メイク／角田真琴さん

サーフィンをこよなく愛する川畑氏が2008年にオープンしたのが、BEAUTRIUM 七里ヶ浜。海をバックにした、太陽の光が惜しみなく注ぎ込む開放的な店内では、時間がゆったり流れるように感じられる。都心から決して近くはないこの場所に、川畑ヘアを求めて多くの著名人が訪れる。彼が32年前からスタイルづくりの軸としているのは「ナチュラル＆ちょっとのインパクト」。幼いころから培ってきた観察眼で、入店時からお客さまの骨格、動作、雰囲気、カラーをつかみ、スタイルを提案する。女性の髪はドラマチックであるべきと、髪を影としてとらえ、その影をどう美しくつくるかを考える。髪型だけではなく、その女性を主人公とした映画のワンシーンをつくるイメージで、骨格をカバーするのではなく美しく際立たせるようにカットするのが川畑流だ。いまや美容師の間で常識ともなった、欧米人の髪のように自然と動く髪をつくる「スライドカット」も、彼が考案したもの。内側に段を入れることでハチ張りの骨格もきれいに見えるのだ。「川畑さんってパワースポットみたい」と人はいう。彼の人柄と確かな技術が、ハッピーをもたらすのだ。

カット / Cut

神能裕貴

SHIMA HARAJUKU

DATA

- 03-3470-3855
- http://www.shima-hair.com/
- 東京都渋谷区神宮前1-10-30
- 無休
- 11:00～20:00
  土・日・祝 10:00～19:00
- お店…@shima__harajuku
  個人…@kannou

▶ 完全予約制

地毛のウェーブを存分に生かしたナチュラルヘア。
ウェットな質感で色っぽさを演出。

おしゃれと色気を両立させたヘアが得意なSHIMA。美容師一人一人の個性も豊かで、海外からも注目を集めるサロンだ。原宿店の店長を務める神能氏は、海外のリアルトレンドを日本人女性に落とし込むセンスとテクニックに長けている。常に新しいものを取り入れるために、情報収集は欠かせない。流行っているからという理由だけではなく、自分の感性とマッチしたものだけを厳選しているという。最先端のデザインでありつつ、簡単にスタイリングできることを重要視。どんなにおしゃれなヘアを美容師がつくっても、家で再現できなくては意味がない。朝、時間を取られることなく外国人のようなやわらかい質感が出るよう、カットに心血を注ぐ。約1カ月の休業期間は、平日の時間全てをトレーニングにあてたそう。17年のキャリアがあっても、貪欲な姿勢を忘れない。トレンドも技術も日々更新されるので、飽きることがないという。探求しながら、自分を向上させることがお客さまの喜びにつながり、ヘアを通じて希望を与えられるのではないかと神能氏は考える。気持ちが沈みがちな今こそ、美容の出番だとハサミに込める思いもより強まっている。

菊地佑太

ABBEY GINZA

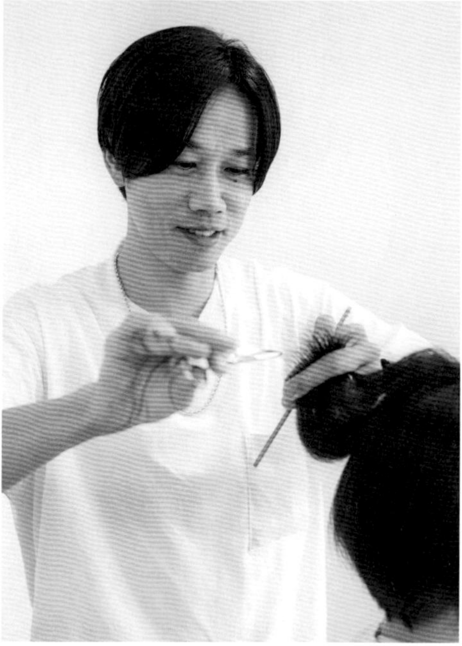

DATA

03-5579-5678
https://www.abbey2007.com/
東京都中央区銀座 3-5-6
マツザワ第6ビル8F
月曜、火曜
11:00～20:00
土・日・祝 10:00～18:00
お店…@abbey_abbey2_abbeyginza
個人…@kikuchi_abbey

▶ 完全予約制

えり足のバランスを重視した、斜め後ろからの姿にもホレるショート。色っぽさもカギ。

2020年4月にオープンしたABBEY GINZAの代表を務める菊地氏。まさに苦境のなかでの船出となったが、賑わいを戻しているという。サロン全店でリピート率№1を誇る菊地氏の武器はなんといっても女性らしいショートとボブ。正面からだけではなく、後ろ、斜め後ろから見たときのシルエットにこだわり、ウェイトを置く位置を見極める力に優れている。目視だけで確認するのではなく、仕上がりを写真に撮って質感や重さのバランスを客観視するという。直接目で見たときとは違う発見があり、バランスがグッと良くなるのだ。Instagramを見て来店するお客さまが大多数。日々アップされるスタイルは、全て実際にカットをしたお客さまヘア。日常にフォーカスしたリアルなデザインが受け、予約が殺到。求められるものが明確なだけに、プロとしてこうしたほうが絶対に可愛くなれると、断言型で提案するのが菊地流。その髪型がまわりからほめられれば、この人に任せて正解だったとファンになってくれるという。自分でスタイリングできなければ似合うヘアとはいえないと、乾かし方をていねいに指導してくれる徹底ぶりもファンがつく理由だろう。

カット / Cut

久保雄司

SIX

DATA

- 03-6450-6545
- http://six-salon.com/
- 東京都渋谷区神宮前5-41-2
  青神道ビル2F/3F
- 火曜
- 11:00～19:00
  土・日・祝 10:00～19:00
- お店…@six.salon
  個人…@six_kuboyuji

▶ 完全予約制

カットのレベルが顕著に表れるボブ。骨格に対する顔まわりの作り込みを大事にしている。

トレンドを生み出し称賛も勝ち取った久保氏だが、成功した過去にはとらわれず、進化し続ける覚悟を持つ。このような状況下になる以前からオンラインサロンを企画し、スピードを持って運営をはじめた。その名も「kuboさんのスナック」と「美容師予備校」。以前から一般向けや、若い美容師に向けた配信イベントを志していた。「髪を切ってきれいにするだけが美容師ではなく、人をきれいにするのが美容師」と意識改革をし、「オフライン（サロン）に髪を切りにきてくれる人だけがお客さまではない」と思えたことでより活動の広がりが出た。SNSを活用してきたが、久保氏は意外にもヘアスタイルをほぼアップしない。コミュニケーションツールとして使い、インスタライブや質問を受けつけてお客さまとの距離を縮めている。「つながりクーポン」という“新たなつながりかた”もはじめた。誰かが挙げたインスタを見てSIXに行ってみようと思ってもOK。価格競争ではなく、人が人を呼ぶ時代の中に安心感を取り入れた仕組みを構築した。「変化の中にチャンスがある」と、変化を恐れず、臨機応変に当たり前を壊していきたいと語る。

熊谷 心

Salon 銀座

DATA

03-6274-6466
http://www.salon-global.jp
東京都中央区銀座5-9-1
銀座幸ビル9F
火曜
11:00～21:00　土 10:00～20:00
日・祝 10:00～19:00
お店…@salon_ginza_hair

▶ 完全予約制

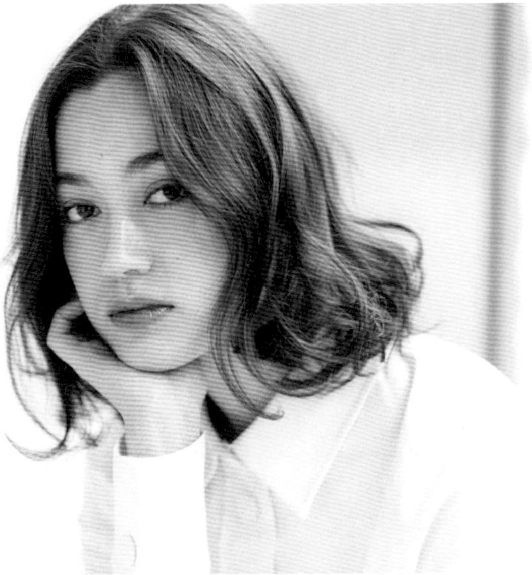

あえて重さのあるグラデーションにし、
豊かさを感じるボブに仕上げた。

銀座ならではのラグジュアリー感のある「Salon」の最高顧問として指揮をとる熊谷氏。洗練されたボブを得意とするが、37年間という長いキャリアのなかでは、まわりをあっと驚かせるデザインに特化していたこともあった。キャリアを重ねるうちに、ヘアの形を作るだけではなくお客さまの持ち味を大切にし、機微を感じるスタイルをつくることにやりがいを感じるという。「例えばパツンとしたボブがトレンドだから、はいどうぞと売るような仕事をしていては、お客さまとの信頼関係は生まれないとだんだん気づくんです」。その信頼を深めてきたからこそ、この状況下でも踏ん張っていられるという。遠方から来られるお客さまが多いため、「わざわざ銀座に来る価値」を常に考え、カットやカラーをするだけではない付加価値を提供できるようスタッフにも指導。休業中は、ウィッグを切ることよりも美容以外の分野に積極的に触れることを勧めた。お客さま目線になって面白いと感じること、気になるファッションを見ることも大切だと感じているからだ。次世代のために新たな取り組みとして、カラー専門店を出店予定。どんなお店になるのか楽しみだ。

カット / Cut

河野悌己

GARDEN Tokyo

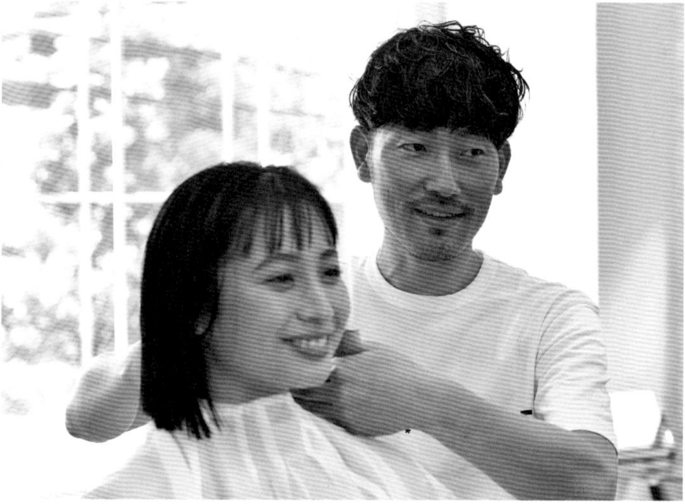

DATA ✂

03-5537-5510
https://garden-hair.jp/
東京都中央区銀座7-9-15
GINZA gCUBE 11F
無休
11:00～22:00
土・日 10:00～19:00
お店…@gardenhaircatalog

▶ 完全予約制　※河野さんのスケジュール、予約については電話にてお問い合わせください。

ベーシックなカットで魅せるコンパクトボブ。顔まわりのインナーカラーが今っぽいアクセントに。

2014年にGARDEN NYのオープニングスタッフとしてNYへ。日本とNYを行き来していたが、昨年から再び日本を中心に活動。現在はジェネラルプロデューサーとしてサロン全体の発展やスタッフ教育に注力し、コラボサロン「GAME」やプロダクトの開発にも携わり精力的に活動。お客さまのコンプレックスを見抜く力とカバーする技術が高く、究極の似合わせスタイルを提供。特に顔まわりのデザインにポイントを置いているため、マスク生活となった今、彼の力が存分に発揮される。休業期間中は、お客さまとスタッフとのつながりが途切れないよう密なコミュニケーションを心がけてきた。スタッフとは少人数でのオンライン会議を増やしたことで、これまで拾えなかった声を聞くことができ、営業再開後のチームワークがぐんとよくなったという。今後、新たなbeautyの発信の仕方を検討中。ぜひご期待頂きたいと笑顔を見せる河野氏。スタッフとお客様のコトを日々考えているそう。「お客さまにとって、自分のことを一番に考えてくれる存在にならなければと思っています。会うと元気になるとおっしゃってくれるお客さまがいることが嬉しいですね」。

小谷英智香

salon dakota

DATA

03-3499-5055
https://www.salon-dakota.com/
東京都渋谷区渋谷1-15-8
宮益O.Nビル 1F2F
火曜
10:30～14:00/15:00～20:30
火・土・日・祝 10:00～19:00
お店…@salondakota
個人…@kotanihidechika

▶ 完全予約制

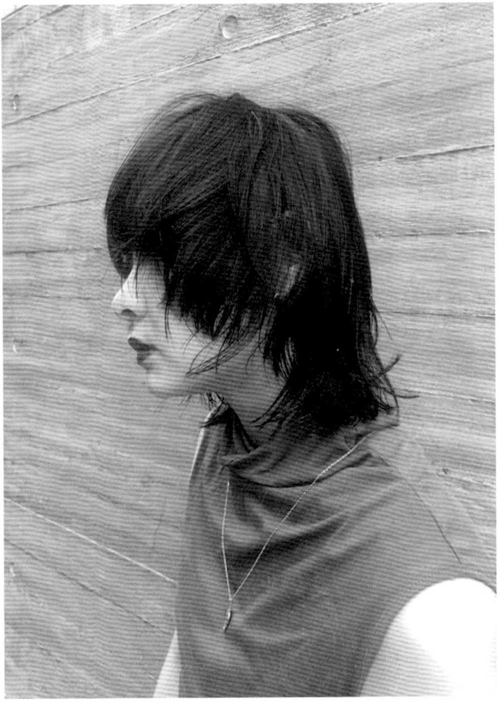

ツーブロックのウルフスタイル。風に吹かれて髪が動くことで、さらにおしゃれに。

渋谷の地に店を構えて8年。2020年6月にはミヤシタパークのすぐそばに3店舗目となる「dakota Evans」をオープン。内装はすべて異なるが、"色香・品格・脱力感"を共通コンセプトに、こなれ感のあるヘアを提供。海外カルチャーやファッションからインスピレーションがわくことが多く、Evansもジャズピアニストのビルエヴァンスをイメージしている。本店も無国籍をテーマに改装したばかり。ここ数年のヘアスタイルを見ていると、後ろ姿だけなら人種がわからないほどボーダーレスになっていると感じ、"無国籍"な内装にしようとひらめいたそう。休業期間中は新しい教育システムや、今後の店舗展開、リニューアルの内装などこれまで掘り下げることができなかったことに着手。スタッフの給料は100%保証し、健康第一と、特に課題は出さなかったが自主的にSNS発信など動いてくれたという。営業再開後は密を避けながらもコロナ前と変わらず盛況。「僕らには顧客、根強いファンがいてくれたんだと再認識できてうれしかったですね」。新しいスタイルを提供することだけでなく、音楽やインテリアなど五感を刺激することを意識し、お客さまを飽きさせない工夫をしてきたことも、ファン獲得の秘訣に違いない。

小林知弘

kakimoto arms 青山店

DATA

03-5464-0011
https://kakimoto-arms.com/
東京都港区南青山5-6-12
無休
10:00～20:00
土・日・祝 10:00～19:00
お店…@kakimotoarms_official
個人…@koba5122

▶ 予約優先

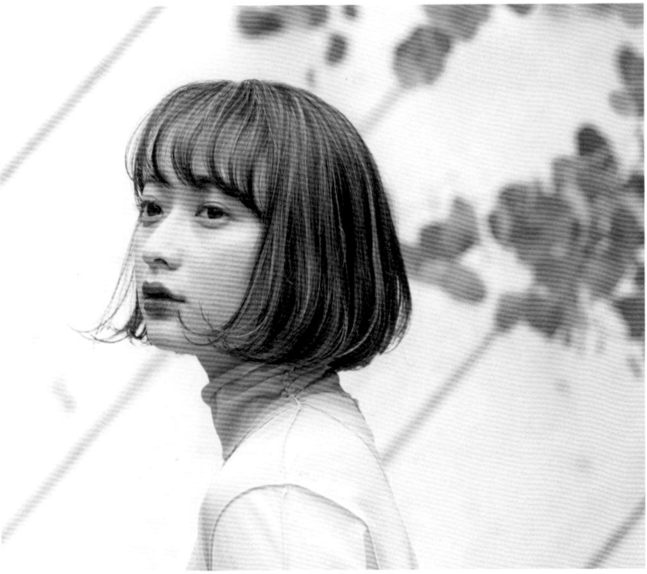

丸みのあるボブに、ハイライトで立体感と動きをプラス。
カールした毛先がキュート。

kakimoto armsグループ全体のデザインとテクニックを統括するチーフデザイナーを務める小林氏。オーナー・柿本氏の近くで美容師として必要なことを教わり、サロンの発展とともに成長してきた。25年以上のキャリアから生み出されるヘアデザインは、ネガティブ要素をカバーするのではなく、プラスの面をより引き立てるものが多い。「お客さまはどうしても丸顔だから、クセ毛だからとマイナス面を口にするのですが、その人の個性を見つけて魅力的に見せるのが美容師としての役割だと思っています」。チャームポイントを見つけ、声に出してほめることを心がけている。オールマイティなカッターだが、ショートやボブは奥が深く腕がなるという。お客さまが求める理想像に対し、骨格とのバランス、質感、トレンドをどうマッチさせるのか……あらゆる方向から考えて導き出すのがこの仕事の醍醐味と語る。外出が思うようにできない時期でも「小林さんでなければ」と客足は途絶えなかった。「きっと、全国の美容師がサロンや自分の武器とは何かを改めて考える時期だったと思います。お客さまに喜んでもらえる武器を増やしていきたいですね」。

小松 敦

HEAVENS

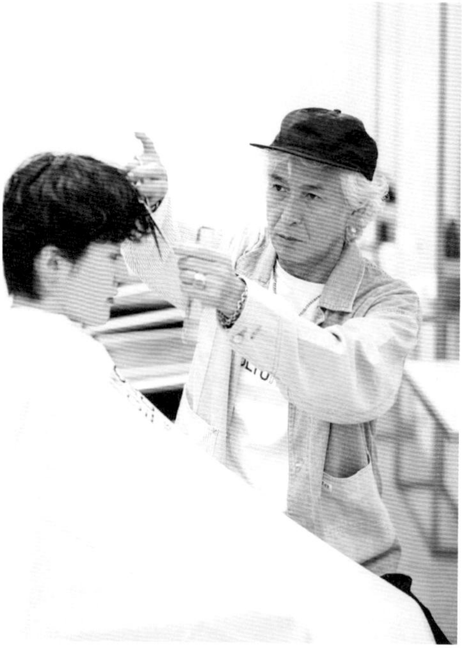

DATA

03-5469-8864
https://www.heavens.co.jp/
東京都渋谷区神宮前5-12-10-1F
火曜
11:00～20:00
土・日・祝 10:00～20:00
お店…@heavens_hair
個人…@heavens_komatsu

▶ 完全予約制

ヘア&フォト／KOMATSU
メイク／NAO
スタイリング／NASU
（すべてHEAVENS）

普遍的定番だからこそ確かな技術と感性でつくる、わずかな女らしさと品性ある上質なボブ。

「ツーセクション・カット」をはじめとする独自のテクニックや、美容理論、仕事に対する思いは、日本のヘア界に多大な影響を与えてきた。コロナ禍においても、相談を受けることが多かったそう。「東京の美容師はトレンドセッターという位置づけがあるけれど、こういう状況において全国のサロンの指針になる責任ある立場だということに気づかされました」。生活が変化し、あふれる情報の中から本物を見極めようと消費者の目が厳しくなっていることも実感。「4月に新しいサロンをオープンして不安はあったけれど、30年近くHEAVENSでやってきたことを評価してくださる方が多く、普遍的にいいものは伝わるんだとうれしかったです」。量より質が問われる時代。物事をていねいに見る力をさらに養いたいと、フィルムカメラを新調した。「スマホで誰でもきれいに写真が撮れるけど、自分にとっての価値観、自分らしさを見直すために、またフィルムに戻ろうと思ってね」。職人としての誇りを持ち、さらにこだわった仕事をしていきたいと語る。「成長が止まったら終わり」と、この一年でより無駄・ムラのない仕事ができるようになったことを教えてくれた。

小松利幸

ANTI

DATA

03-5778-7111
https://anti-world.jp/
東京都港区南青山6-1-3
コレッツィオーネ 2F
火曜、水曜
11:00～21:00　金 13:00～22:00
土 10:00～20:00　日・祝 10:00～19:00
お店…@anti_antiworld
個人…@anti.boss.k2

▶ 完全予約制　※小松さんの新規予約についてはサロンにお問い合わせを。

パーマの魔術師と言われる小松氏らしいやわらかな動きが魅力。

南青山で25年続くANTIのBOSS、小松利幸氏。数々のトレンドを生み出してきた彼が、新たに立ち上げたのがフラワーデザイナーとコラボをしたコンセプトサロン「AntiOurs」。現状に満足することなく、新たな未来を描いてトライしていく姿は若いスタッフたちの希望でもある。「パーマといえばANTI」と呼ばれるようになったのも、小松氏の飽くなき探求心から。オリジナルメソッド「KPM」は、「パーマ＝髪が傷む」という概念を覆し、パーマをかけることで髪をより良い状態にし、カラーとの共存もはかれるのだ。時代の流れに乗ることも忘れない。今の価値観にそったデザインとフォトを極めるためにフレーミングバランスとライティングバランスの研究をはじめたという。長い美容師人生で経験したことのない緊張感のなかでの営業は、スタッフ全員の気持ちを一つにして不安に負けないチーム作りに努めた。自粛中もリモートで作品撮りのイメージを発表したり、衛生管理について共有したりと手を休めることはなかったという。「ヘアデザインを通じて身も心も癒やし、活力となるエネルギーを充電できる場所でありたい」とサロンづくりへの思いを新たにしている。

雑賀英敏

TONI&GUY

DATA ✂ TONI&GUY 原宿

03-5785-2726
https://toniguy.co.jp/
東京都渋谷区神宮前1-14-34
原宿神宮の森 3F
月曜、火曜
11:00～20:00
土・日・祝 10:00～19:00
公式…@toniandguyjp
個人…@hsaiga

▶ 完全予約制、個室あり

毛先を自然に動かしたボブスタイル。ほんの少しカーブさせるくらいが、今の時代にマッチ。

世界展開するブランドサロン「TONI&GUY」において日本の代表を務めるのが雑賀氏。ロンドンのアカデミーでマネージャーを務め、世界のTONI&GUYの教育に携わってきた。また、世界各国で行われるショーやセミナーにおいてヘアを担当。2010年より日本に移籍し、アジア諸国でのセミナーやコレクションに参加。1年の半分は海外で仕事をしていたが、2020年はコロナの影響で美容師人生のなかでほぼ初めてというほど、日本でハサミを動かす日々だったという。また、系列店に向けて動画配信を使った講習会にも力を入れた。世界基準のカットテクニックと華麗なフィニッシュワークは、見る者を魅了する。ロンドン時代のお客さまが、日本にもカットに訪れてくれるほど。サロンワークでは、コレクションから得た新しいエッセンスを1%足した"最先端のナチュラル"を表現。自分がどんな立場であろうと、サロンに立てば、一美容師。お客さまにとって今日が一番になるよう本気で施術に向き合うのがポリシーだ。日本は機能美が求められるが、世界から見てもクラス感のある可愛さ、セクシーさ、カッコよさのあるスタイルを目指していきたいという。

カット / Cut

坂狩トモタカ

SHEA

DATA

03-6450-6985
https://shea.tokyo/
東京都渋谷区神宮前5-46-16
イルチェントロセレーノ 2F
月曜
11:00〜20:00
金・土・日・祝 10:00〜19:00
お店…@shea.hair_lifestyle
個人…@shea_sakagari

▶ 完全予約制

やわらかな顔まわりと、毛先のワンカールがポイント。
女性らしさあふれるスタイルだ。

サロン代表としての顔だけでなく、セミナー講師や商品開発、雑誌撮影など最前線で活躍するスーパー美容師だ。毎年大きな目標を掲げて、達成してきた。2020年は初心に返り、「また会いたい美容師、お客さまの人生に欠かせない存在になること」をモットーに行動。コロナ禍では「顧客ファースト」というSHEAの信念がより色濃くなったといい、営業自粛期間を「これまで助けてくださっていたお客さまに、恩返しをするチャンス」と捉え、手書きのDMやヘアケア商品をプレゼントするなど、まさに顧客第一で行動してきた。女性らしくやわらかで色っぽいレイヤースタイルが彼の代名詞。レイヤーは、パーマを生かすのにも欠かせないという。日本のパーマ文化を変えていきたいという思いから「毛先だけパーマ」や「プリカール」といった、手軽に可愛くなれるパーマを考案。とくに、根元2cmだけパーマをかけることで頭頂部をふんわり見せる「プリカール」は、リモートワークで正面からの印象が重要になるこれからの時代、スタンダードになること間違いなしだという。新たな技術の開発に果敢に挑む姿が、カリスマの名にふさわしい。

カット ／ Cut

坂巻哲也

apish

DATA ✂ apish AOYAMA

- 03-5766-3605
- http://www.apish.co.jp/
- 東京都港区南青山5-12-6
  青山和田ビル 2F
- 月曜
- 10:00～19:00
  水・金 11:00～20:00
- お店…@apishofficial
  個人…@tetsuyasakamaki

▶ 完全予約制　※坂巻さんは現在、新規予約は受け付けておりません。

パーマでつくったカールを少し崩すことで、
愛らしさのなかにあるカッコよさを表現。

裏原宿に小さなサロンが誕生したのが20年以上前。カリスマ美容師として一時代を築いてきた坂巻氏だが、多額の借金を抱えるなど決して順風満帆な道のりではなかった。お客さまをはじめ、たくさんの人に支えられてきたからこそ、自身のサロンだけでなく業界発展のためにパーマアカデミーや未来塾を開講。パーマはカットと並ぶ美容師としての基本技術。苦手意識をなくし、自信を持ってお客さまをきれいにできる美容師を増やしたいと、坂巻氏考案のパーマ専用カットから細かく指導している。受講生は確実にパーマ比率を上げているそうだ。2018年から行っている未来塾は、失敗を経験して学んできた経営やスタッフ教育についてのマネージメントセミナー。5年後、10年後もお客さまに愛されるサロンであるために、「心」の教育に力を注ぐ。健やかな心と体があってこそ、技術が光り、魅力ある美容師になれるというのが坂巻氏の考えだ。現役プレーヤーであり続けることにこだわり、「大人女性の髪悩み」に真摯に向き合う毎日だ。年を重ねることはプラスであり、進化であると捉えられるよう、ハッピーヘアを提供したいと語ってくれた。

SAKURA

Cocoon 表参道

DATA

- 03-5466-1366
- http://www.cocoon-van.com
- 東京都渋谷区神宮前 5-6-5
  Path 表参道 A棟 B1
- 火曜、第3月曜
- 11:00～20:00
  金 11:00～21:00　土 10:00～19:00
  日・祝 10:00～18:00
- お店…@hair_space_cocoon
  個人…@sakurakambe

▶ 完全予約制

肌にフィットするシャープなカットラインとベビーバングの絶妙バランス。甘さを1点残すのがこだわり。

女性誌のヘア企画やヘアカタログで「おしゃれ」と、今評判なのがSAKURA氏。編集者やライターからも「絶対に可愛くしてくれる」と、信頼が厚い。ファッションセンスも高く、女の子たちの憧れの的だ。VAN氏のもとで技術を学び、どのジャンルでもどんな髪質でも対応できる力を身につけた。「扱いやすさの先にしか似合うはない」と、Cocoonのノンブローカットを軸に、素材から起こるネガティブな要素を取り除くことを最優先にしている。ここは好きと思えるポイントをひとつ作ることにもこだわりを持つ。「サロンで作ったスタイルだけでなく、自分でやってみてもこうしたら可愛いかも！これも良いかも！とそこから広げていって欲しいんです。そのためには、今のスタイルをいいなと思ってもらわないと。その土台をつくるのが私の使命です」。個性的なのにちょっと冒険してみようかなと思わせるのは、ウソのないデザインだからだ。常に“なぜ”という視点で街行く人の髪の動きを観察し、デザインに落とし込む。待ち合わせの場所に立っていたら、耳にかけていた髪をはずしたら……と日常を思い浮かべながら作るので自然なのだ。ストーリーを感じられるヘアこそ、彼女の強みなのかもしれない。

サトーマリ

siika NIKAI

DATA

- 03-6455-0309
- https://siika.tokyo/
- 東京都目黒区上目黒1-13-6
  mieux中目黒 2F
- 火曜、第3水曜
- 10:00～20:00
  日・祝 10:00～18:00
- お店…@nikai_siika
  個人…@nikai_satoomari

▶ 完全予約制

明るめカラーが人気。大人女性もトライしやすいのが透け感のあるベージュアッシュ。

暗いムードを払拭するかのように、街にはブリーチカラーがあふれている。ファッショナブルな髪色を見ていると、ふとサトーマリの顔が浮かぶ。原宿系の読モブームを支えていた一人であり、おしゃれなデザインカラーといえば彼女というほど信頼が厚い。現在は中目黒の川沿いにあるプライベートサロンでその手腕を生かしている。ハイセンスなカラーデザインは健在で、大人女性たちをトリコにしている。「カラーが一番の武器だと思っていましたが、一般誌や業界誌で撮影を続けてこられたことも私の強みなのだと最近感じています。創作の場とサロンワークの相乗効果で、お客さまに満足いただけるスタイルがつくれるのだと思うんです」。コロナ禍で遠方から来られなくなった人がいる一方で、かつてのお客さまが再び訪れてくれるように。「外食や旅行ができない分、髪型を変えて気分転換をする人が増えましたね。思い切って髪色を明るくしたいと訪れてくれる人も。信頼関係が築けていたことが嬉しかったし、自信につながりました」。ここぞというときのヘアチェンジをまかせたいと思える特別な存在であり、本物の技術を持つ美容師なのだ。

澤野秀樹

ANNE.

DATA

03-6452-4802
https://www.anne-hairdesign.com/
東京都目黒区上目黒3-1-13
Ace 中目黒 1F
火曜
11:00～20:00
土 10:00～19：00
日・祝 10：00～18:00

▶ 完全予約制

毛先の質感、表情づくりに心血を注ぐ。日常での動きを計算した美しいデザインが光る。

日常生活をクリエイションに変えるデザイン力は、名だたるカリスマたちからも一目を置かれる存在だ。リアルなクリエイティブを表現するために、単に形としてのヘアデザインでなく、日常の瞬間的な人間の魅力をイメージし、生活の中で美しく見えるヘアを創造するのだ。お客さまを目の前にすると、不思議とその姿が浮かんでくるという。人間の美しさを引き立たせるエモーショナルなヘアを表現する為の独自のライフワークがデザインソースだ。膨大な数のリアルヘアを分析してきたからこそ、日常に寄り添ったヘアが生まれるというわけ。コロナ禍でも、世の中の流れやこの状況下でのヘアスタイルを見るために街行く人の観察を欠かさない。ハサミを動かすことができない時間はもどかしくもあり、お客さまあっての仕事であることを痛感。「僕らは不要不急の用事がすごく大事なんだなと感じました。それがないと生きている実感がわかないし楽しくない。どんなにネットの世界が発達しても、美容師は対面でしかできない仕事。僕にしかできない手作業で魅力を引き出し、リアルに笑顔を感じる。そこに価値があると信じているので、これからも僕だけのエモーショナルなヘアを作っていくだけです」。

設楽雅貴

FILMS GINZA

DATA

03-6263-2966
https://films-hair.com/
東京都中央区銀座1-8-7 VORTGINZA6F
火曜
月 12:00～20:00　木 12:00～21:00
水・金 12:00～22:00
土 10:00～20:00　日・祝 10:00～19:00
お店…@films_hair
個人…@shidara_masaki

▶ 完全予約制

縦長シルエットを意識し、マッシュの甘さを中和。
インナーカラーでこなれ感をイン。

2017年、若林紀元氏、笠井智博氏とともにFILMSを立ち上げた。それぞれの得意分野を生かしたサロン運営を行っている。わずか3年にして3店舗を構えるまでに発展。2021年には千葉県の柏にも進出する予定だ。美容室の経営も厳しい時代にここまで成長しているのは、設楽氏が先頭となり行っているスタッフ教育があるからだろう。FILMSでは道徳の時間を設け、心の教育にも力を入れている。お客さまの第2、第3の故郷のような存在になるためには、美容師一人一人の自分磨きが必要だと感じているからだ。営業再開後、来店されたお客さまのなかには涙を流される人もいたという。これこそ、魅力あふれる人材育成の結果ではないだろうか。技術の面では職人気質。骨格診断で頭の形を見極め、髪質だけでなくライフスタイルに合わせた自然体でなじみのいいショート＆ボブを得意とする。セミナー講師として全国を駆けまわる一方で、自らもセミナーを受講し、さらなる高みを目指している。

渋谷謙太郎

SUNVALLEY

DATA

03-6427-3807
https://sunvalley.tokyo/
東京都港区南青山5-2-12 Gビル B1
火曜、第2・4月曜
11:00～21:00
木 10:00～19:00　土 10:00～20:00
日・祝 10:00～18:00
お店…@_sunvalley_
個人…@shibuken_sunvalley

▶ 完全予約制、個室あり

ナチュラルでありつつ、幼くなりすぎないロングスタイル。さりげない大人っぽさを表現。

世界の名だたるブランドが軒を連ねる表参道に、店をかまえるSUN VALLEY。地下にありながらも、壁一面の窓から明るい日差しが降り注ぐ、開放感のある空間だ。朝日氏と共同で代表を務める渋谷氏が大切にしているのは、目の前の仕事をとにかく楽しむこと。そんな彼の姿勢と圧倒的な技術力に惹かれ、数多くのタレントや女優、モデルが足しげく通う。渋谷氏の強みは、骨格の良さを引き出す極力シンプルなカット。決して独りよがりにならず相手を尊重し、なりたい女性像を話し合いながらデザインをつくっていく。それに加え、自粛期間のなかで髪自体の素材の重要性に気づくお客さまが増えたことから、ダメージケアや髪をきれいに見せるためのスタイルづくりをより強化するようになったという。また、従来のドリンクサービスを継続するのが難しくなったことを逆手にとり、オリジナルのデトックスウォーターの提供を開始するなど、新たな形でお客さまに喜んでもらえて、よりきれいになってもらえるサービスを多数生み出した。彼の「目の前の人を喜ばせたい」という情熱は、カット技術だけにとどまらず、これからも広がり続けるであろう。

菅野太一朗

LANVERY

DATA

- 03-6805-1656
- http://lanvery.jp/
- 東京都渋谷区神宮前5-2-5
  MAX&Co.Building 6F
- 不定休
- 11:00～19:00
- お店…@lanvery_hair
  個人…@taiichirosugeno

▶ 完全予約制

素材のよさを最大限に生かしたツヤロング。ラインは残しつつ、自然に動く髪がポイント。

美容師としてのキャリアを重ね、同世代の大人女性に喜んでもらいたいと立ち上げたのがLANVERY。落ち着いた雰囲気のなか過ごしてほしいと、座席は少数に絞った。大人の髪の悩みを熟知しており、アラフォー世代からの支持が高い。ヘアデザインで外見を美しくするのはもちろん、その人の自己肯定感を高めるまでが美容師の仕事と考えている。自分が持つ技術を無理やり与えるのではなく、その人が元来持っているよさを迎えに行くようなイメージで施術に当たるのが菅野氏のこだわりだ。長いつき合いの顧客が多いため、1〜2カ月の間で髪がどう変化していくのかを観察して改善することを繰り返している。この一年は髪質や見た目の変化だけでなく、表情やマインドを察する力がさらに身についたと話す。活力を失いがちな時期だけに、容姿だけでなく心の豊かさにも気を配る。菅野氏のヘアは時間が経っても褒められる持ちのよさが有名だが、さらに未来を予測したカットに。伸びていく移り変わりのなかでも「この髪型、好きかも」と思ってもらえるようなデザインを心がけている。無理によさを引き出すのではなく、やわらかく迎えに行くという姿勢が菅野氏の魅力だ。

太市

Side Burn

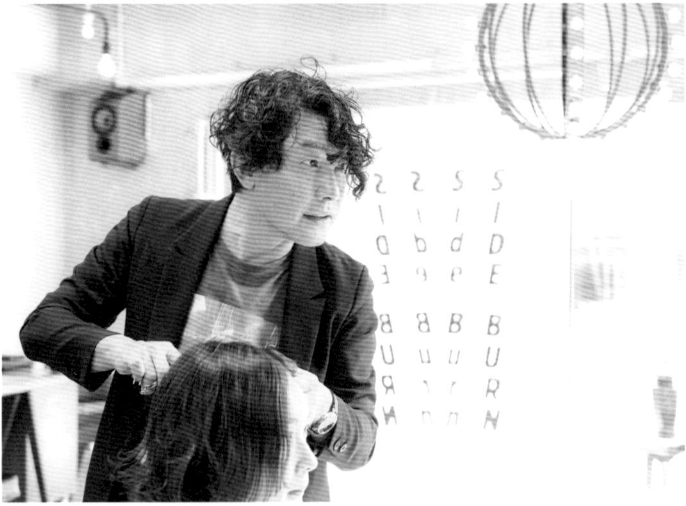

DATA

03-3402-3703
http://www.sideburndeluxe.com/
東京都渋谷区神宮前3-5-2 EFビル 1F
火曜、第2・4月曜
11:00～20:00
土 10:30～19:30
日・祝 10:30～18:30
お店…@side_burn_deluxe
個人…@taichi_flowers

▶ 完全予約制

顔まわりにハイライトを入れて、表情を明るく。重めウルフも毛先を動かすことで軽やかな印象になる。

「光を感じながら仕事をするのは18年ぶりくらいかな。気持ちいいし、新鮮だね」。シンプルに人をきれいにする魅力的な仕事を街行く人に見せたいと、同じビルの1階に移転したばかり。アーティスト兼美容師として、"いい仕事"で他と差をつけたいと語る太市氏。「人の髪をデザインするのはクリエイティブなこと」と、我流で写真や映画制作、音楽にも挑戦してきた。ここ数年は「投げ入れ」という手法で花器に花を生けることも続けていて、お店の外からも独創的な生け花を見ることができる。お客さまを被写体にしたフォトエッセイ集『カミハトモダチ』に次ぐプロジェクトとして進めているのが、「髪と花と人」をテーマにした作品。オリンピックにあわせ、外国から訪れる人たちの髪を切り、花をあしらって写真を撮ることを考えている。「まだまだ暗いムードなので、僕流の芸術で世の中をハッピーにしたいよね」。クリエイティブな面が注目されがちだが、サロンワークはいたってシンプル。その人の内側にある個性や魅力を引き出すことに徹している。人を感じる力と豊かな表現力がオリジナリティを生み、魅力的ないい仕事につながるのだ。

カット / Cut

高木裕介

U-REALM omotesando

DATA

03-5778-0529
https://www.u-realm.com/
東京都渋谷区神宮前5-6-13
ヴァイス表参道 2F
年末年始のみ（臨時定休日あり）
11:00〜20:00
お店…@urealm_omotesando
個人…@y.takagi0815

▶ 完全予約制、個室あり

新時代に合う、センスの良い大人の女性像を表現。
コンサバすぎないモテ髪が新しい。

アシスタント時代からヘア＆メイクとして著名人を担当し、20代から第一線で活躍し続けてきた高木氏。2005年にAFLOATを独立してからは、優れた経営者としても邁進してきた。これからの時代、感染症との共存はある意味スタンダードになっていくとして、感染症対策の専門機関とのアドバイザリー契約をいち早く締結。お客さまに安心してもらえる環境づくりに力を注いだ。美容師の基本はカットであると考える高木氏のテクニックはまさに神ワザ。毛量、髪質、場所に合わせて的確に入れていくレイヤーは、簡単にマネできるものではない。「派手な技術を見せつけるのではなく、誠実な姿勢こそが最も重要である」と語るとおり、売れっ子になってからもカットスクールに通うなど、地道な努力を続けてきた。こうした高木氏の実直な姿勢こそが、お客さまの信頼を得ているのだ。昨今では、アジア諸国の若者の勢いに負けるまいと、やる気あふれる日本の若い美容師たちに学べる場所を提供するべく「東京ブレンド」を設立。これまであり得なかったサロン同士の横の壁を取り払い、業界全体の技術の底上げを図った。美容業界の発展のため、彼の挑戦は続く。

髙田幸二

air

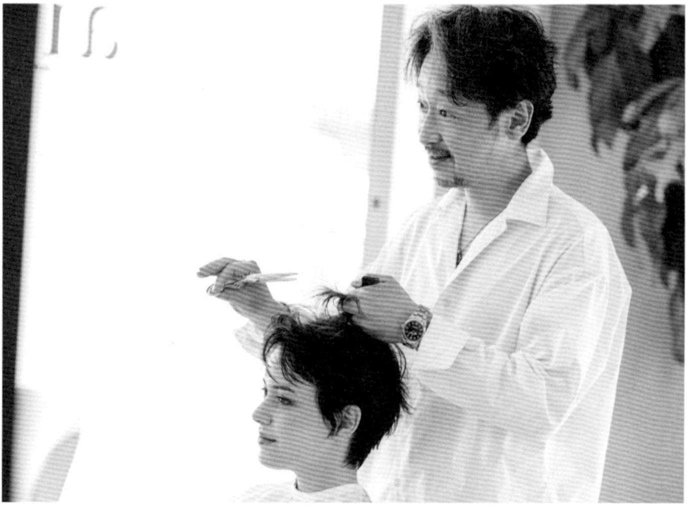

DATA ✂ air-GINZA

03-5524-0202
https://www.air.st/
東京都中央区銀座1-2-4
サクセス銀座ファーストビル3F
火曜
11:00～21:00
木 11:00～20:00
日・祝 10:00～19:00
お店…@air_lovest

▶ 予約優先

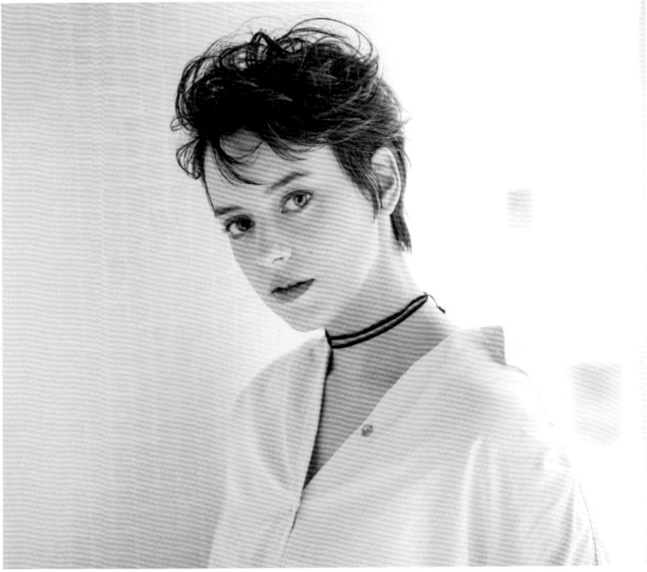

彼女の強い瞳が際立つエッジを効かせたショート。
攻めすぎず、ナチュラルさも忘れない。

21年目に突入したairグループの副社長という顔も持つ髙田氏。コロナ禍においては、経営者、美容師としての両面から向き合い、取り組んできた。「お客さまと対面でコミュニケーションを取ることはできないけれど、もともとあったECサイトを強化したり、自社アプリを活用したりして関係を維持することができました。オンライン会議でスタッフが色々とアイデアを出してくれて頼もしいなと思いましたよ」。サロン内に商品開発部やIT部などの部署があるため、予期せぬできごとに急ごしらえではなく対応ができたのだ。「システムを見直す機会になって充実度が増したし、お客さまにも浸透したので、マイナス面だけではないととらえています」。美容師としては、カットやデザインを考える楽しさを改めて実感したという。髙田氏といえば、ナチュラル、ヘルシーなスタイルというイメージがあるが、最近は少し攻めたデザインを加えることが多い。狭い的を射抜くようなデザインを追求することの面白さを再確認したからだ。売れるスタイルではなく、“こうしたい”という確固たる意志を持ってデザインを生み出せる集団づくりも今後の目標だ。

カット / Cut

田中 衛

NORA Journey

DATA

03-6804-3938
http://www.nora-style.com/journey/
東京都渋谷区神宮前4-3-21
NODERA BLDG 2F
月曜
11:00～21:00　土 11:00～20:00
日・祝 11:00～19:00
お店…@norajourney
個人…@mamoru_tnk

▶ 完全予約制

レディな雰囲気と、都会的でありながら、つくり込みすぎないリラックス感を表現。

「都会的で着心地が良いヘアを私らしく」。NORA Journeyが掲げるテーマのとおり、流行りを追い求めるのではなく、お客さま自身が一番輝くスタイルを作りだすのが美容師の仕事であると、田中氏は語る。店のイメージアイコンであるジェーン・バーキンのように、いつの時代に見ても色あせないスタイルを追求。そのために大切にしているのはカウンセリングである。気分を変えたい、落ち込んでいるといったお客さまの細かい心の動きをていねいに読み取り、今の気分にフィットしたヘアをつくり上げる。そうしてつくったヘアは、まわりからの評判も自然と良くなるそうだ。長年担当してきたお客さまからは「私の人生のステップアップには、田中さんのヘアが欠かせない」という声が上がるほど。もともとはロジカル思考だったが、美容師として働くうちに、技術や理論はお客さまの気持ちにハマっていないと意味をなさないと痛感。そこからは、徹底的に寄り添うスタイルづくりに変化したという。緊急事態宣言の間も「いま働いてくれている人のために」と信念を持って営業。お客さまの人生を豊かにするヘアを、今日も寡黙につくり続ける。

田中幸広

PEEK-A-BOO　青山

DATA

- 03-5466-6311
- https://www.peek-a-boo.co.jp/
- 東京都港区北青山3-6-16
  表参道サンケイビル 2F
- 月曜
- 10:00～19:30
  日 10:00～19:00
- お店…@peekaboosalonsofficial
  個人…@yukihiro0228

▶ 完全予約制

質感づくりもカットの重要な役目。
動きがあってもまとまりを感じさせるスタイル。

田中氏のハサミから生み出されるのはやわらかな質感と動き。「ヘアを通じて生活をデザインする」をモットーに、今求められるフォルムとテクスチャーを仕立てていく。ライフスタイルを含めてスタイル提案をするのが基本とされるが、あれこれと聞き出すことはせず波動を感じて提案していくのが田中氏の流儀。その提案は少しおせっかいなほうがいいという。こうしたほうがもっと可愛くなれる、素敵になれると自分の技術を最大限に生かした提案こそがプロの仕事。「お客さまの希望に対して、できればNOとは言いたくない。なんとか技術でカバーできないかを考えていくと、さらに可能性が広がるもの。それには、誰かに教わるのではなく自分自身で追求していくことが大切だよね。技術だけでなく提案力もついたときに、成功がついてくるし、お客さまも信頼してくれるから」と田中氏は語る。コロナ禍においても遠方から時間をかけて来てくださるお客さまもいるほど､信頼が厚い。必要とされることに感謝するとともに、その思いに応えられるよう、これからも真摯に向き合っていきたいと話してくれた。

CHIKA

artifata

DATA

03-3470-0688
https://artifata.com/
東京都渋谷区神宮前 1-8-10
The Ice Cubes 7F
月曜（火曜、木曜は不定休）
10:00～19:00　木 12:00～20:00
土・日 9:00～20:00
お店…@artifata
個人…@artifata_chika

▶ 完全予約制、個室あり　※CHIKAさんの新規予約は平日のみ受付。

サロンワークの一環としてはじめた
一般女性を変身させる企画での1枚。強めパーマが新鮮。

代表を務めるartifataも20年を迎え、明治神宮前に移転。代々木にも新店を出し、進化し続けている。「海外では40代、50代の美容師が第一線で活躍していて、そこからまだステージが上がっていく。日本だと現場を退き始める年齢でしょ。僕は、去年の自分よりセンスも技術も、お客さまを見る視点も成長していると感じているし、もっと成長できると思っているからやめられない。70歳になったらどんな世界が見えるかも今から楽しみだしね」と、常に前を向いている。“すべての女性を美しく”をテーマに、お客さまのウィークポイントさえも磨きをかけて輝かせ、似合わせを超越したヘアスタイルでサプライズと感動を与えている。顔型だけでなく、話し方、性格、顔の筋肉の動き方までも含めてその人の魅力を探している。撮影経験のない一般女性をカットとパーマで変身させる企画を続けることで、個性を見つける能力がパワーアップした。「誰でも心のなかに秘めた女優がいるんだよ」と、変身前と後の写真を見せてくれた。やらない理由を探すよりも、とにかくやってみる精神でYouTubeでの発信もスタート。待っていてははじまらない、自ら動きだす大切さを教えてくれた。

塚本 繁

k-two 銀座

DATA

03-6252-3285
https://k-two.jp/
東京都中央区銀座7-8-7
GINZA GREEN 6F
火曜
12:00～20:00　月 11:00～19:30
土・日・祝 10:00～19:00
お店…@ktwo_hair
個人…@k.two.tsukamotoshigeru

▶ 完全予約制、個室あり

ウエットな質感のオールバックで色っぽ＆カッコよく。前髪をかき上げても骨格補正は可能。

整形級に顔が小さく見えると世の女性たちを驚愕させたのが、塚本氏が生み出した“小顔バング”。雑誌の変身企画を担当し、その激変ぶりが話題となり彼の名が全国に広まった。独自の小顔カット理論をまとめた本は、国内だけでなく海外の美容師にも役立てられている。顔型と同時にお客さまのパーソナルな部分も見極め、なりたいイメージにそったスタイルを作り出す。小顔前髪はひとつの見え方だけではなく、分け方次第で異なる印象にできるのも魅力だ。また、フォルムを崩さずにセニングするオリジナルの技法で「扱いやすくて、ずっとまとまる」再現性の高いスタイルが喜ばれている。ステイホーム期間中は、みんなが元気になれて免疫力アップにつながる「おうち美容」を発信。自らが実践しながらヘアケアやトレーニング方法などを紹介し続けた。自身もオンライン会議をして気づいたというPC画面での顔や髪の見えかたをヘアデザインにどう反映するかも考えたという。リアルを追求しているからこそ、信頼度が高くファンがつくのだ。旬のヘアスタイルや自身のファッションなどの情報発信も人気なのでぜひSNSもチェックしてほしい。

津崎伸二

nanuk

DATA ✂ nanuk shibuya

- 03-6450-6032
- http://nanukhair.com/
- 東京都渋谷区渋谷1-11-3
  第1小山ビル-4F
- 火曜
- 月・木・金 11:00～20:00
  水 11:00～19:00
  土・日 10:00～19:00
- お店…@nanukhair
  個人…@zak2_nanuk

▶ 完全予約制

真っ直ぐではなく、毛先をふにゃっと曲げて目に留める違和感をプラス。彼女のやわらかい雰囲気にマッチ。

渋谷一丁目には話題のサロンが多く点在する。その中でも感度の高いおしゃれ女子から圧倒的支持を得ているのが、津崎氏が代表を務める「nanuk」。外国人風のやわらかな質感と、媚びないその人らしさを引き出したスタイルが人気だ。ヘアスタイルを作品としてとらえることはなく、日常を生きていくうえで前向きになれるよう、その人が持つ可能性を最大限に引っ張り上げることを心がけているという。髪質、骨格、ファッション、話した時に漂ってくる雰囲気や気分、変わりたい尺度など、こと細かく観察してお客さま自身も気づかない魅力をぐっと引き出す。理想を叶えるだけでなく、自分が切る意味、意義をプラスすることがポリシーだ。自分にない価値観を増やすために、若いころから魅力を感じる人に会いに行きその理由を探ってきた。そこで得た経験がカウンセリングやヘアデザインに生かされているのだ。「感染予防にマスクは欠かせないけれど、やっぱりハッピーには見えない。ヘアを通じて少しでもテンションが上がるようにしたいと思っています。そして、わざわざ渋谷までくる価値のあるサロンづくりを強化していきたいですね」。

時枝弘明

stair:case

DATA

03-6228-5569
https://staircase-ginza.com/
東京都中央区銀座5-5-14
JPR 銀座並木通りビル 10F
第3火曜
9:30～21:00
日 10:00～19:00
お店…@staircase_ginza
個人…@hiroaki_tokieda

▶ 完全予約制、個室あり

頭の形がきれいに
見え、奥行きを感じ
させるフォルム。

数々の有名店を経て、2018年銀座にstair:caseをオープン。日本屈指のパーマ技術を持ち、国内外でセミナーを開けば常に満員に。パーマスタイルをつくるうえで欠かせないカット技術もハイレベル。日本人の平面的な顔を立体的に見せる奥行きのあるスタイルが得意だ。お客さまの希望を取り入れながら身長や好きな洋服のテイスト、季節感など全体のバランスを考慮してデザインを提案するのが時枝流。時枝氏がつくり出すヘアは限りなく再現性が高く、サロン帰り後も華やかなスタイルが持続するため顧客の心を掴んで離さない。大人女性の顧客が多い中、近年コロナ禍においてリモートワークなどお客さまのライフスタイルが変化し、インナーカラーやハイトーンカラーに挑戦する人が増加。「うちにはカラーリストがいますから、お客さまの希望やお悩みに合わせて幅広いカラー提案ができるのも強みですね」。営業再開直後、足を運んでくれたお客さまがカット後に安堵しながら見せてくれた笑顔が忘れられないという。「美しいヘアスタイルは心を豊かにできると実感。今後も技術品質の向上に励みます」。新店舗やヘアにまつわる新企画も準備中。美を通じた挑戦はまだまだ続く。

歳嶋建国

MINX 青山店

DATA

03-3746-2722
https://minx-net.co.jp/
東京都港区北青山3-5-23
吉川表参道ビル 2・3・4F
火曜
11:00～20:00　金 12:00～21:00
土・日・祝 10:00～19:00
お店…@minx.hairsalon.official
個人…@toshijima_works

▶ 完全予約制

ゆらぎのある毛先が女らしいショート。パーマでニュアンスをつければ、伸びても扱いやすいのだ。

「本質的な美しさ」をテーマに掲げ、女性らしい丸みのあるフォルム、やわらかい質感を引き出すために毛先一本一本にこだわってカット。MINXのパーマ部門で責任者を務めていたこともあり、パーマの知識や技術は非常に高く、一目置かれる存在だ。休業期間中には、お客さまからの問い合わせが多く、そのなかでハッと気づいたことがあるという。「華やかさや新しさを求めて、青山に髪を切りに来ている方が多いと思っていました。しかし、『根元の白髪をどうしたらいいかしら』『伸びてまとまらないんだけど』という電話をいただき、新しさや似合うことだけでなく、扱いやすいデザインも求められていたのだと、今さらながら気づいたんです」。本質的な美しさには機能性も大切だと、その後のデザイン提案が変わったという。もちろん、青山という場所でハサミを握るからには、毎回一つでも新しいエッセンスを提供できるように準備をしている。きれいと感じる幅を広げるために、休日には写真や絵画に触れる機会を多く持つようにしている。実は絵の腕前も一流。サロンでも彼の作品を見られる機会がひょっとしたらあるかもしれないのでお楽しみに。

鳥羽直泰

VeLO

DATA

03-5411-5051
http://velovetica.com/
東京都渋谷区神宮前3-25-5 4F-5F
月曜、第1・第3火曜
11:00～21:00
日・祝 11:00～21:00
（19:00までの時短営業）
お店…@velotokyo
個人…@naoyasutoba

▶ 完全予約制

ショートでもアシンメトリーにすることで、おしゃれ度が高まる。クセを生かした自然体ヘアが心地いい。

東日本大震災のときも感じたが「美容室は落ち込んでいるときに心を豊かにできる場所」であり、「ここにくれば元気になれるという気軽に立ち寄れる場所」だと鳥羽氏は語る。2003年にVeLOを立ち上げ、2009年にはveticaもオープン。「17年原宿でやってきて、一過性ではなく長くつき合えるお客さまをつくれていたんだ」と再確認できた一年だった。カットへのこだわりに際限がない。クリエイションもデザインも、圧倒的にロジカルな技術や思考をバックボーンにしてきた自負がある。だからこそ少しでも新しいものを毎回提案するようにしている。「ヘアだけでなく、トリートメントやプロダクトの提案でもいい。またフィーリング、気分に合わせてカットすれば、同じ長さでもハサミの入れ方、仕上げに差がつくはず」という。5年ものロンドンでの美容師時代に出会った“本物のカット”。「お客様がのぞむ半歩先を提案してきた」と語る鳥羽氏が今、改めて大切にするのは原点回帰。「安心感や信頼感、楽しさが伝わること」。お客さまの「ありがとう」「気持ちが上がった」がいつも以上に増えている実感を、最近では日々感じているという。

カット / Cut

土橋勇人

DIFINO

DATA ✂ DIFINO aoyama

03-5468-3361
http://difino.com/
東京都港区南青山5-4-41
グラッセリア青山2F
火曜、第3水曜
11:00～20:00　金 11:00～21:00
土 10:00～19:00　日・祝 10:00～18:00
お店…@difinoaoyama
個人…@difino_dobash1

▶ 完全予約制、個室あり　※土橋さんの新規予約は平日限定で希望日の1週間前から受付。

海外の往年の女優やスーパーモデルを彷彿とさせるスタイルを現代に落とし込み、女性の強さを表現。

「お客さまがカミカリスマの受賞を喜んでくださり、もっと技術を磨きレベルアップしていかなければいけない」と決意した矢先、世界を困難が襲った。カリスマ美容師ブームの時代は、お客さまがあふれ、待たせしてしまうこともあったほど。今は来たくても来られないお客さまが多い状況で、土橋氏にとっても初めての経験。営業再開後にお客さまを前にして、感謝の気持ちがより深まり「100%では足りない、今まで以上に全力でいいデザインをつくらなければならない」と誓った。毛束をひねりながらカットする独自の手法「アールカット」は、再現性と持続性の高さが特徴。来店頻度が低くなった今、より再現性が高まるよう進化中だ。もともと3カ月に1回など、他に比べ来店の間隔が長いお客さまが多かったため、3カ月が半年になる人もしばしば。そこをチャンスと捉えた。「長持ちカットがどこまで続いているか、半年、長くて一年でどういう形になるのかをお客さまの髪が教えてくれる。カットしたその日だけが仕事ではなく、次の来店までが一つの仕事であり、結果なんです。より居心地のいい長持ちカットを追求していきたいですね」と話す。

豊田永秀

STRAMA

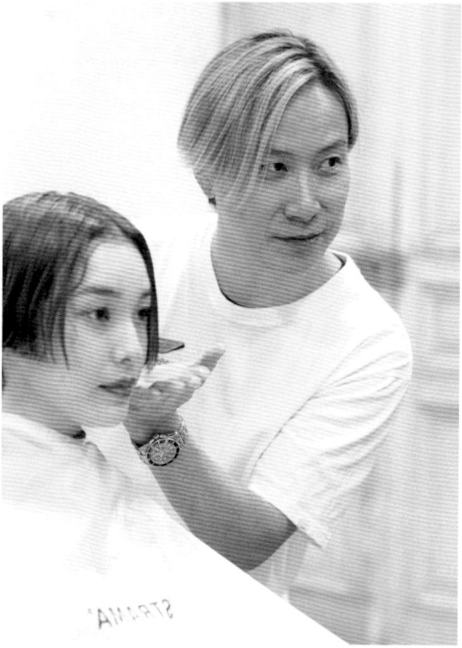

DATA ✂

- 03-6804-5388
- http://strama.jp/
- 東京都港区南青山4-18-10-B1F
- 火曜
- 11:00～19:30　土 10:00～19:00
  日・祝 10:00～18:30
- お店…@strama_official
  個人…@arigatoyoda

▶ 完全予約制、半個室あり

お店のベーシックにもなっている独自のカット理論で、ネガティブポイントをカバーして美シルエットに導く。

サロン経営者としての顔だけでなく、家具や植物のバイヤー、グラフィックデザインのプロデュースなど豊田氏の幅広いアートでクリエイティブな活躍は誰もが知るところ。休業中も普段できなかった映画やドラマなどの映像をインプットし、ヘアデザインへのヒントをたくさん得て、クリエイションの肥やしにした。彼の真骨頂はシャープでモードなショートやボブ。代名詞でもある“オートクチュールなスタイル”は加速度を増し、さらにお客さまに感動を与えている。それはほんの些細なことからはじまる。たとえばマスクも来店時に新品を渡してさりげなくつけ替えてもらう。その瞬間に骨格や雰囲気を見極める。来店頻度が落ちるため耳まわりもコンパクトに、前髪にも「抜け」のニュアンスをつくる。またマスク着用のままのカットが増えたため、ハサミを変え技術力までさらに上がったという。若き日から賞レースの常連でもある豊田氏のセンスと感性は、常にバージョンアップされ続けている。スタッフに対してもこれまで以上に時間をつくり、より熱く、より強く「信じてついてきてほしい」と真剣に語りかけているのも「らしい」ところだ。

長門政和

air-GINZA

DATA

03-5524-0202
https://www.air.st/
東都中央区銀座1-2-4
サクセス銀座ファーストビル3F
火曜
11:00～21:00　木 11:00～20:00
日・祝 10:00～19:00
お店…@air_lovest
個人…@mnagato0724

▶ 完全予約制

首が長く、きれいに見えるショートが得意。
“えぐりレイヤー”で、メリハリのあるシルエットに。

日本トップクラスの美容集団・airにおいて年間売り上げ2位、美容師向けセミナー数はトップを誇る実力派。学生時代から暇さえあれば商材屋をまわるほどの“ケミカルマニア”で、薬剤に対する知識は誰よりも豊富。“生涯顧客化”を目指し、ヘアだけでなくお客さまのライフスタイルや内面も進化できる場所を目指している。そのために先の先までを考えた提案をするのが長門流。トリートメントひとつとっても、1カ月先、3カ月先、1年先までを見据えてダメージ改善の計画を立てるのだ。的確な毛髪診断の上に成り立つ施術でお客さまの満足度も高い。パーマを得意とし、そのベースとなるカット技術は言わずもがな。ミリ単位での調整が光り、今までパーマで失敗してきた人もパーマが好きになるという。誰よりも素敵にしてくれる高い信頼度に加え、フレンドリーな接客もリピート率が高い理由。美容ネタだけでなく多岐にわたり話題が豊富で、ここにくれば最新情報が得られるとワクワクして来店するお客さまも多いという。トーク力も抜群で、わかりやすい説明に安心感を覚える。大人女性の心をつかんで離さない技術と話術を体験してほしい。

中野太郎

MINX 銀座二丁目店

DATA

03-5524-0081
https://minx-net.co.jp/
東京都中央区銀座2-3-1　Ray Ginza 9F
火曜
11:00～20:00　金 12:00～21:00
土・日・祝 10:00～19:00
お店…@minx.hairsalon.official
個人…@minx_taro

▶ 完全予約制、個室あり

浮遊感のあるトップと外ハネで作るくびれシルエット。インナーカラーのおしゃれアクセントをプラス。

日本随一のカット集団MINX。その中でも一二を争う技術の持ち主が中野氏だ。彼のセニング技術をまとめた本は、「わかりやすい」と同業者からも評判。YouTubeでもその技術を惜しみなく公開している。カットだけでなく全ての技術においてハイクオリティを保ち、オールマイティにできることが彼の強みでもある。こだわり続けてきた「持ちの良さ」が、コロナ禍において最大の武器であることを再確認。必然的に来店頻度が減っている状況では、崩れにくいデザインが求められる。プラスαとして、トレンドのファッションに合わせたエッセンスをお客さまのオーダーに合わせて加えていく。技術を磨くだけではなく、情報に敏感であることもトップでい続けるために欠かせない要素だ。20年以上のキャリアを証明するかのように、彼のもとには3世代で通ってくれているお客さまが多い。休業期間を経て、お客さまにとって必要な存在であったことに感謝をするとともに、より責任感を持って施術に臨まなければと背筋が伸びる思いだという。カット技術にゴールはない。日々の接客のなかで発見があり、課題が見つかるもの。彼の進化は止まらない。

中村章浩

ABBEY 2

DATA

03-3405-6655
https://www.abbey2007.com/
東京都港区南青山4-21-26
RUELLE青山-A棟 3F
月曜、火曜
11:00～20:00
土・日・祝 10:00～18:00
お店…@abbey_abbey2_abbeyginza
個人…@abbey_nakamura

▶ 完全予約制、個室あり

毛先の曲線美が光るショートボブ。動いてもまとまりを感じさせる、極上のカットテク。

「普段から今やれることをやるしかないと思っているから、特別な焦りはなかったかな。ピンチはチャンスだから、状況に合わせた楽しみを見つけながら前向きにやっていましたよ」。いつもと変わらず飄々とした様子の中村氏。平常心でいられるのは、コツコツと積み重ねてきた技術とお客さまとの信頼関係があるからだ。2〜3カ月たってもフォルムが崩れない持ちのいいスタイルや、巻かなくてもおしゃれに決まるスタイルは、このご時世、最大の武器。有名タレントや企業のトップを顧客に持ち、CMやテレビのヘア＆メイクとしても活躍するが、その立場におごることはない。売上金額や客数を宣伝することもない。それは、ただの記録に過ぎず、お客さま本位ではないと考えるからだ。長いつき合いのお客さまでも、新規客でも次があるとは限らないという思いは同じ。2回、3回と通っていただけるよう、希望にそった満足度の高いスタイルをつくることだけに集中するのだ。「10回来てくれても11回目はないかもしれない」と常に心に刻んでいる。“当たり前のことを当たり前にやる”というゆるぎのない信念こそ、息の長い美容師でいられる理由だろう。

NATSUMI

ALBUM SHIBUYA

DATA

03-6416-3288
https://www.album-hair.com/
東京都渋谷区神南1-20-9
公園通りビル 8F
無休
10:00～23:00　土 9:00～23:00
日・祝 10:00～20:00
お店…@album_hair
個人…@alubum_natsumi

▶ 完全予約制、半個室あり

ラフさと女性らしさを両立。顔まわりの奥行きが、顔をより立体的で小顔に見せる。

実力派美容師が多数在籍するALBUMのなかで、絶対的エースと呼ばれているのがNATSUMI氏だ。彼女の実力はプロデューサーNOBU氏のお墨付き。「自分自身がずぼらなので」と語る彼女が大切にしているのは、ズバリ「ラクして可愛くなれるヘア」。スタイリングが難しいイメージのあるレイヤースタイルも、ほしいところに毛先をつくってあげるだけで、ワンカールで簡単に動きが出せるという。「美容師は占い師と似ている」というように、鋭い観察眼でお客さまの持っている悩みを言われるより前に言い当てる。お客さまは、何がしっくりこないかうまく言葉で言い表せない方も多い。同じ女性であり、似た悩みを持つからこそ、潜在的な悩みを素早くキャッチできるのだ。自身では「理論よりも感覚派」と語るが、その根底にはしっかりとした理論があるからこそ、素早く的確な提案ができるのであろう。お客さまと接することがとにかく大好きで、美容師だからこそわかる髪の改善点を見つけて提案することで、お客さまに新しい可能性を見せてあげられることが何よりの喜びと語る。サロンを照らす彼女の明るさが、お客さまの笑顔をつくるのだ。

奈良裕也

SHIMA HARAJUKU

DATA

03-3470-3855
http://www.shima-hair.com/
東京都渋谷区神宮前1-10-30
無休
11:00～20:00
土・日・祝 10:00～19:00
お店…@shima__harajuku
個人…@yuyanara

▶ 完全予約制

サロンのシーズンビジュアルを担当。ナチュラルな束感を作り、あえてSHIMAっぽさとは対極にあるスタイルに。

サロンワークをしながら、国内外問わずショーや広告などのヘア&メイクとしても活躍。数々の著名人から指名を受けるほどだ。ここ数年、日本と海外を行き来する生活だったが、コロナ禍により期せずしてゆっくりする時間が持て、初めて自炊をしたそうだ。とはいえ、国内では相変わらず忙しい毎日。プロダクトの監修やファッションブランドとのコラボ、草間彌生氏のヘア&メイクを手掛けるなど幅広い活躍を見せる。しかし彼の原点はサロンワークにある。時間が許す限りサロンに立ち、お客さまと誠実に向き合う。たとえお客さまが望んだとしても、客観的に見て似合わないと思ったものにはNOを出すのがポリシーだ。常に華やかな世界で輝いているように見えるが、そのための努力と進化は怠らない。「20代は好きなことを極めたほうがいい。一つのジャンルで突き抜けることができたら、まわりにも目を向けることが大切。自分が見ている世界だけでなく、他人からの評価にも耳を傾けることも必要。SHIMAが40年以上続いているのも、時代に合わせて進化をしてきたから。美容師一人一人もそうありたいよね」と後輩たちにメッセージをくれた。

カット / Cut

西本昇司

BRIDGE

DATA

03-3400-0214
http://artis-salon.com/
東京都渋谷区神宮前6-9-11 堺ビル2F
月曜、火曜
11:00～20:00
土 10:00～20:00
日・祝 10:00～18:00
お店…@bridge_hairsalon

▶ 完全予約制

ミステリアスな雰囲気をただよわせる黒髪ボブ。大胆に短くカットした前髪が目元の印象を強めるカギ。

アトリエのような雰囲気のサロンに、美しいシルエットのボブをつくり出すデザイナーがいる。それが西本氏だ。「時代が変わっても古くさくなく、長く愛されるスタイルをつくりたい」と、スタンダードな中にその時々の気分や新しさをエッセンスとして加えるのが西本流。「素材のいいシンプルな白シャツは何にでも合わせやすく、クローゼットに欠かせない1枚。ヘアもシンプルな方がどんなファッションにもマッチするし、飽きずに楽しめるからね」。ナチュラルだけど心惹かれるのは、その裏にストーリーがあるからだ。雰囲気やキャラクター一に合わせた女性像を思い浮かべ、デザインをつくる。そのヒントとなるのが、50〜60年代の映画。「映画に限らず、写真集でも絵でも、ドラマでもいい。スタッフには、ヘアデザインにつながることをインプットをしてほしいと伝えています」。ストレスが多い時代において、髪へのストレスは極力なくしてあげたいと「再現性」「魅力的に見せる本当に似合うヘアの提供」に心を砕く。その一方で「髪は絶対伸びるから、冒険もしてほしい。若い人はどんどんチャレンジして」と、ヘアチェンジを後押ししてくれた。

野口和弘

CIECA.

DATA

03-6805-0644
https://cieca.jp/
東京都渋谷区神宮前5-16-2
月曜（祝日の場合、翌日が休み）
11:00～20:00
土・日・祝 10:00～19:00
お店…@cieca.hair
個人…@cieca.noguchi

▶ 完全予約制

ユニセックス&ナチュラルななかに、エッジを効かせたショート。やわらかな毛流れが女らしさを演出。

表参道の喧騒から離れた路地裏にある一軒家サロン・CIECA.のオーナーを務める野口氏。スタッフが増えたこともあり、2020年11月に改装をして座席数を増やした。開放感のある吹きぬけはそのままに、さらに居心地のいい空間に生まれ変わった。お客さま一人一人の魅力を最大限に引き出すテクニックはお墨付き。ライフスタイルや気分、なりたい姿をキャッチしてお客さまとイメージの共有をしながらしっかりとカウンセリングを行うことで、期待以上のスタイルを提供。客観的に見て似合っていても、お客さまのイメージに合っていなければ満足度は得られない。だからこそ、髪質や骨格だけで判断するのではなく、お客さまの頭の中までも読み取る力が必要なのだ。「人の幸せを創造し、未来を叶える」というサロンポリシーがある。お客さまの幸せのためにできるのはただひとつ「髪をキレイにし、可愛くすること」。その本質をコロナ禍で再認識し、自身を含めスタッフ全員の技術向上に注力している。インスタグラムでの作品発信に加え、経営者として美容師として今伝えたいことをYouTubeで発信。ヘアに対する野口氏の思いを感じてほしい。

野々口祐子

SYAN

DATA

03-5772-1090
https://syan-tokyo.com/
東京都渋谷区神宮前4-13-9
表参道LHビル B1
火曜、第1・3月曜
11:00～20:00　土 10:00～20:00
日 10:00～19:00
お店…@syan_tokyo
個人…@yuko_nono

▶ 完全予約制

やわらかさのなかに、芯のある強さを表現するデザインを得意とする。ほんのり透ける前髪で旬も投入。

サロンがひしめく表参道で、おしゃれ女子から圧倒的支持を得ているのがSYAN。その代表を務めるのが野々口氏だ。ヘアカタログでも彼女のヘアデザインは目を引き、人気スタイルの上位に挙がる。彼女の愛らしい雰囲気と感度の高いファッションセンスにも注目が集まり、女性誌でも度々紹介されるほど。やわらかい質感と凛とした女性らしい佇まい、周囲とかぶらない顔まわりのデザインが得意で前髪カットだけでも来店するお客さまがいるほど。「前髪はもはや顔の一部だと思っていて、一本一本のバランスにこだわっています」。独立してから駆け足でここまできたが、コロナ禍で一旦立ち止まり自分と向き合うことができたという。「心を動かせるデザインをつくりたい」と常々意識しているが、果たして今、それができているだろうか、お客さまが喜ぶことはどんなことかを初心に返って考えるきっかけになった。表参道にあるSYANに足を運ぶ価値をより高めたいと、さらにスタッフ教育にも熱が入る。「技術を磨くことは基本。心のある立ち居振る舞いをして欲しいしと思っています。女性だからこそ出せるやわらかい空気感も大切にしていきたい」。

NOBU

ALBUM SHINJUKU

DATA

03-6457-8701
https://www.album-hair.com/
東京都新宿区新宿3-28-11
市嶋第三ビル 4F
無休
10:00～23:00　土 9:00～23:00
日・祝日 10:00～20:00
お店…@album_hair
個人…@nobuhair

▶ 当日受付可、半個室あり

強すぎないワンカールで、レイヤーや
バレイヤージュそのもののよさが際立つスタイル。

どこよりも早くSNSでの集客に力を入れ成功をおさめたALBUM。プロデューサーを務めるNOBU氏は、時間やお金といった美容業界の常識を覆し「はやくてうまい」を実現したパイオニアだ。ファストファッションのように手軽に楽しめることが人気の一因だが、圧倒的な技術力があってこそ。1時間に6人前後はカットするという驚異的なスピードと場数によって培われたカット技術で、瞬時に骨格や髪質を正確に捉えることができる。それは、マスク着用がスタンダードとなっても変わらない。少し背伸びをしてみたい年ごろのお客さまの気持ちに寄り添い、デザインの中にはどこかカッコよさや辛さを忍ばせる。カット、カラーという美容師が持つ技術力だけで勝負したいと語り、集客力、売り上げ、お客さまの数はどこにも負けない自負がある。2カ月間の休業中も自社のアカデミーにおける授業や、インスタグラムでの配信を続けることで、技術力の向上と集客をストップすることなく行った。教育を施し、集客できる仕組みを作ることで、若手が活躍できるフィールドをつくることをモットーに、NOBU氏の挑戦は続く。

馬場一馬

ICY

DATA

03-6427-3922
東京都港区南青山5-14-3
青山ライズビル 3F
火曜
11:00～19:00
お店…@icy_hair
個人…@babakazuma

▶ 完全予約制

切りっぱなし感のあるワンレングス。
少し巻きを加え、ウエットな質感で今っぽさを表現。

専門学校時代からファッション誌の人気読者モデルとして有名だった馬場氏。知名度におごることなく誰よりも練習をして技術を磨き、その結果、スタイリストデビューも早かった。そのルックスから誤解されやすいが、努力の人であり、冷静な自己分析と洞察力でここまできた。ファッションやその時々の気分に合わせたスタイル提案を得意とし、顔まわりのデザインにもこだわりを見せる。ミリ単位での調整にほれ込み、前髪カットだけで訪れる人も多い。尖っていた時代もあったが、ライフステージの変化とともに、伝えたいこと、ヘアデザインが変わってきたという。「18年やってきて、カットもシンプルになってきました。色々なカットを駆使してつくるよりも、素材をいかすことを第一に考えています」。また、清潔感があるものがきれいでカッコいいと実感するようになったとも話す。好みは変わっても「また会いたいと思ってもらえる美容師」でありたいという軸は、一貫してブレることはない。実際、「話したいことがあって……」と訪れる人も少なくない。「髪を切る人だけじゃなく気持ちが上がる人でいたいんです」とやさしい笑顔で語ってくれた。

VAN

Cocoon

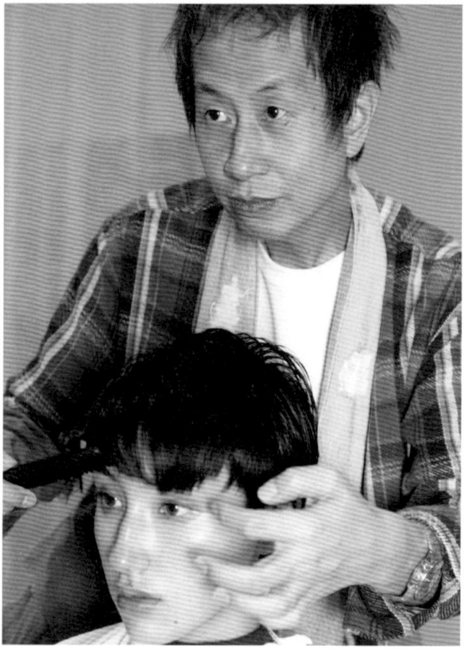

DATA

03-5466-1366
http://www.cocoon-van.com/
東京都渋谷区神宮前 5-6-5
Path 表参道 A棟 B1
火曜、第3月曜
11:00～20:00
金 11:00～21:00　土 10:00～19:00
日・祝日 10:00～18:00
お店…@hair_space_cocoon

▶ 完全予約制　※VANさん新規予約は平日のみ。

とにかく朝は楽なほうがいい。寝グセっぽいラフな動きが今の気分。ノンブローカットの真骨頂。

開放的で居心地がいいCocoon。「コロナ前から席と席の距離は離れているレイアウトで、衛生管理は日常のことだから、その点では特別大きな問題はなかったけど……」とコロナ禍でのサロンのことを話はじめた。得体の知れないウイルスを前に、戸惑いはあったが、反面、素材（ヘア）に対して実直にやってきたことや顧客との深度のある関係を築けていたことを改めて再確認できたという。髪を切る一回一回の重みが増している分、表面的なデザインではなく確かな技術が求められる。次にいつカットできるかわからないからこそ、その髪からできること、数カ月を見据えた「持ち」などをお客さまと共有した先にデザインがあると思う。一人一人の素材を生かし、乾かすだけで決まるVAN独自の手法・ノンブローカットという武器があることで、客足はほぼ戻っているそう。「生活様式が変わったことで求められる変化はあるけれど美容師はリアルを売る仕事という本質を見失ってはいけない。軸はぶれずに目の前の髪に何ができるかを真剣に考えればカットが何より大切なことが、お客さまが実感してくれるはず」。常にリアルにこだわる彼らしい重みのある言葉が響く。

広江一也

NORA HAIR SALON

DATA

03-6419-9933
http://www.nora-style.com/nora/
東京都港区南青山5-3-10 FROM-1st B1
不定休
11:00～21:00
土11:00～20:00
日・祝日11:00～19:00
お店…@norahairsalon

▶ 完全予約制

やわらかな質感のパーマでちょっとおしゃれに。決めすぎない無造作感が旬。

大手建設会社を経て美容の世界に飛び込んだ異色の経歴を持つ広江氏。2007年にNORAを立ち上げ、現在は海外支店を含め8店舗を抱えるまでに成長。花屋を併設したり、サロン内をギャラリーのようにしたりと他業種と手を組んでユニークな空間づくりをしている。サロンの代表として、美容師として大切にしているのは人との出会いとつながり。スタッフに口うるさく伝えてきたことが、コロナ禍において目に見える成果となった。緊急事態宣言を受け、全店で使える「前売りカット券」や「ギフト券」を販売。予想以上に支援の輪が広がり、危機を乗り切ることができた。またカットをしたいというお客さまが一人でもいるのなら、それに応えたいと万全の対策をして営業を続行。サロンを心配して、足を運んでくれる人も少なくなかった。数カ月サロンに来ることができなかったお客さまからも「伸びても、手入れがしやすくてきれいなままだったわ」とうれしい言葉も多く聞かれたという。ライフスタイルの変化により、求められるデザインは変わってきたが、お客さまとの絆は変わらぬよう真摯に向き合っていきたいと熱意を燃やす。

福井達真

GINZA PEEK-A-BOO 並木通り

DATA

03-6254-5990
https://www.peek-a-boo.co.jp/
東京都中央区銀座5-4-9
ニューギンザ 5ビル 4F
月曜
10:00～19:30
日10:00～19:00
お店…@peekaboosalonsofficial
個人…@tatsu2913

▶ 完全予約制

美しいカットラインと躍動感が魅力的。インスタグラムでは福井氏のクリエイティブな世界がのぞける。

老舗サロンの伝統を守りつつ、新しいチャレンジを続ける福井氏。全店舗のビジュアル統括クリエイティブディレクターを務め、2021年からはアカデミーの講師を担当する。ヘアはミリ単位で見え方が変わってくるもの。どこか少し短くカットすることで、フェミニンなスタイルがモードに見えたり、クールに見えたりするという。この1cmがお客さまの新しい魅力を引き出すのだ。営業自粛後にサロンを訪れたお客さまからは、「ヘアスタイルが崩れず、きれいなままでいられたのよ」と嬉しい言葉をかけられた。持ちのいいカットという基本を忘れずにやってきたことが改めて認められ、美容師冥利に尽きるという。人と会う機会が減り、他人の目よりも自分らしさを大切にする人が増えたことで、似合うヘアづくりも変わったそう。「トレンドを考えることなく、お客さまの内面や素材と対話することが増えました。まず、髪の毛の声が聞こえてくるんです。大変な状況にはあるけれど、ヘアスタイルづくりにおいてはとてもいい関係が築けていると思います」。原点回帰をしつつも、動画配信など新時代に合わせた活動もスタート。ぜひチェックしてほしい。

堀内邦雄

GINZA PEEK-A-BOO 中央通り

DATA

03-3562-8860
https://www.peek-a-boo.co.jp/
東京都中央区銀座2-6-16
ゼニア銀座ビル 10F
月曜
10:00～19:30
日 10:00～19:00
お店…@peekaboosalonsofficial
個人…@kunio_horiuchi

▶ 完全予約制

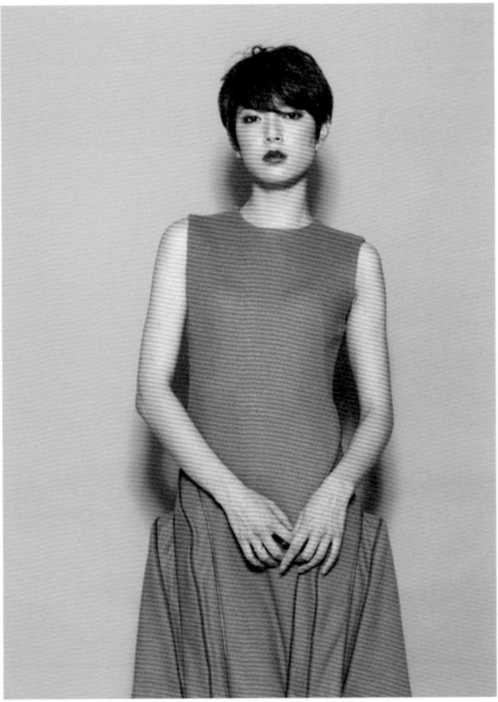

骨格にフィットしたクールかつ女性らしいショートが得意。

伝統あるPEEK-A-BOOのなかで中央通り店を任せられている堀内氏。ライフスタイルの変化が加速しお客さまの髪の悩みも多くなってきている今、堀内氏のサロンでの提案はトレンドを意識しつつもお客さまに寄り添ったパーソナルなデザインを重要視し、機能美の追求にも余念がない。ヘアスタイルの機能性を確実な技術力で実現をしていくのが堀内氏の真骨頂でもある。たとえば「今ではマスクも骨格の一部」と語る。カットで骨格すら補整していくカット技術は他に類を見ないレベル。マスクをしている時間や様々なシチュエーションを想像しカットへと落とし込み、寝起きでもお風呂上がりでもスタイリングしてもいつでもきれいを叶えていく。「ファッションや美容面だけでなく、お客さまのライフスタイル全般で考え、どんな条件であっても、お客さまの美しくなりたい気持ちに応えたい」という熱い思いと、プロフェッショナルな技術は多くのお客さまを魅了している。

堀江昌樹

JENO

DATA ✂

03-6419-3855
https://jeno.jp/
東京都渋谷区神宮前5-47-12
パインビレッジアネックスB1F
火曜
月 11:00～20:00　水 11:00～20:45
木 11:00～20:00　金 12:00～20:45
土 10:00～20:00
日・祝 10:00～19:00
お店…@jeno_hair_make
個人…@horie_jeno

▶ 完全予約制、個室あり

堀江氏らしさを感じる眉上のワイドバング。耳にかけたときに見えるインナーカラーがアクセント。

apishクリエイティブディレクターを経て、2017年JENOの代表に。現在apishとJENO両店を牽引するアートディレクター。美容業界で権威あるコンテストで数々の受賞歴がある実力派。髪に向き合う姿はキリッとしているが、いつも穏やかな笑顔で迎えてくれる癒やし系美容師だ。着心地のいい洋服のように、彼がつくりだすヘアデザインもナチュラルで心地いい。堀江氏の魔法にかかれば、誰もがハッピーな気分になり、サロンを後にする足取りはどこか軽やかだ。ナチュラルといっても、フォトコンテストやショーで魅せるクリエイティブな要素もスパイスとして加え、目に留まるスタイルを提供。しかも、難しいスタイリングの必要はなく、いつでもどこでも決まるのが魅力。髪質が整えば、より再現性が高まりスタイリングがラクになると、生えグセやボリュームをコントロールするシザーコーム「TOKIKATA」の開発に携わっている。新しい美容室の価値を作ることを目指し、他業種とコラボしたワークショップや音楽イベントなども開催している。コロナ禍でなかなか開催ができない状況だが、今後もお客さまの心や生活が少しでも豊かになるお手伝いをしていきたいと語る。

堀之内大介

Belle

DATA ✂ Belle omotesando

- 03-3479-6656
- https://belle-omotesando.jp/
- 東京都渋谷区神宮前3-5-4
- 火曜
- 12:00～21:00　土 10:00～20:00
  日・祝 10:00～19:00
- お店…@hair_salon_belle
  個人…@belle_daisukehorinouchi

▶ 完全予約制

20年ほど前の巻き髪スタイルを今っぽいドライな質感で表現。
メイクとファッションとのバランスも大事。

トレンドをつくり続け、おしゃれなサロンといえばBelleの名が必ず挙がるほど急成長を遂げた。「人を大切にしたい」という思いで続けてきたことが、10年で6店舗まで増えたことにつながったという。スタッフを大切に育ててきたことで、離職率が低くスタッフもお客さまも増えていき、店を増やす結果になったのだ。自粛期間中も、店の強化に励み、新たに動画を使って若手スタッフの練習も行うようにした。時間が有効に使えるようになった分、スタッフ一人一人と密に話ができるようになったという。再開後、お客さまが次々と来店してくれたときは「信頼されていたのだ」と改めて確認することができ、「もっと技術を磨く努力をし、お客さまに喜んでもらわなければ」とより強く思ったという。“ギリギリ手が届く可愛さ”は変わらずサロンの武器であり、彼の得意とするところだ。マスク生活では顔まわりのバランスが命。髪を結んでも可愛く見えるよう、おくれ毛をつくるカットが人気。「今までは仕事と休日のオン・オフだったけど、マスクのオン・オフ2wayスタイルが定番になりそう」と、新しいヘアデザインづくりを前向きに楽しんでいる。

本田治彦

LONESS omotesando

DATA

03-5413-7928
http://loness.jp/
東京都港区南青山3-15-6
ripple square D2階
火曜、第2月曜
11:00～21:00　木 11:00～20:00
土 10:30～20:00　日・祝 10:30～19:00
お店…@loness0301
個人…@honda_haruhiko

▶ 完全予約制、個室あり

ふわっと髪が動くやわらかなボブ。
カールとウェーブの中間くらいの動きがおしゃれ。

表参道と銀座に店を構えるLONESSの代表・本田氏。大学で学んだ経営学を生かしながら、共同代表の片山氏とともに「100年続く店」を目指す。イケメン美容師として度々誌面を飾り注目を集めたが、それだけではなく一人一人の魅力を引き出す観察眼とテクニックで人気を不動のものとした。彼に切ってもらうと売れっ子になれるというジンクスもあるほどで、俳優やモデルたちもこぞって訪れる。自粛期間中は「長い美容師人生のなかでたまには休んでもいいのでは」と、スタッフにも課題を出すことなく自由に過ごしてもらったという。自身も頭をクリアにし、今後のことを考える時間にあてた。再開後は密にならないよう予約を制限。今まで以上に一人のお客さまに向き合う時間ができ、カットを見直すことができた。「決してこれまでが雑だったわけではないけれど、初心に返りながら、もっとこうしたらよくなるのではと一つ一つのカットを考えながらできたので、成長できた気がします」。髪をきれいにすることは心の癒やしにつながると、今日も笑顔でハサミを握る。

増田一寿

SENSE OF HUMOUR

DATA

03-6712-5320
https://salon.sense-of-humour.com/
東京都港区南青山5-14-3 1F
火曜
11:00～20:00
土・日・祝 10:00～19:00
お店…@senseofhumour_salon
個人…@kazutoshi_masuda

▶ 完全予約制

フェミニンなゆる巻きが光るセミロング。
ほおにかかるやわらかな毛束で小顔効果も。

オーガニックビューティブランドの直営サロンとして2020年4月に誕生したSENSE OF HUMOURのアートディレクターを務めるのが増田氏。都内有名店でスキルを磨き、店長も経験。大きな店の看板が外れたこれからが勝負だと静かに野望の火を燃やす。「スピード」「クオリティ」「コミュニケーション」を意識してサロンに立ち、無駄なことはせず、ていねいな仕事を心がけている。ヘアスタイルはお客さまの雰囲気に合わせて、形、色、質感を組み合わせていくオーダーメイド。「インスタやカタログに並ぶ髪型を当てはめることはできないもの。骨格もキャラクターも違うわけだから」。センスや技術を磨くことは美容師として当然なこと。一番大切なのは「お客さまを本当に喜ばせたい気持ち」だと増田氏は語る。その気持ちが強ければ、お客さまにとっても自分にとってもしっくりくるヘアスタイルをつくることができるのだ。「僕らの仕事はカットをすることではなく、ヘアをつくること。切ることが前提にあるのは違う気がしています」。お客さま目線と、第3者目線の両方からアプローチし、誰もが幸せになれるヘアをつくるのが増田氏の強みだ。

松永英樹

ABBEY

DATA

- 03-5774-5774
- https://www.abbey2007.com/
- 東京都港区南青山5-7-23
  始弘ビル 2F
- 月曜、火曜
- 11:00～20:00
  土・日・祝　10:00～18:00
- お店…@abbey_abbey2_abbeyginza
  個人…@abbey_matsunaga_official

▶ 完全予約制、個室あり

顔型を問わず似合わせやすいショートボブ。手ざわりがよさそうなやわらかい質感が命。

太陽のように明るく、エネルギッシュな生きざまは次世代美容師の憧れだ。彼自身も有名サロンで高いスキルと一つ一つのヘアデザインに妥協しない姿勢、接客力を学び、今がある。現役プレーヤーとして有名タレントやモデルからの信頼が厚く、指名が後を絶たない。リズミカルなハサミの動きはまさに神ワザ。松永氏がつくりだすボブやショートのシルエットの美しさは、多くの女性を魅了する。その技術をひと目見たいと、セミナーの依頼も数えきれないほどだ。ファッションブランドとコラボしたサロンづくりなど、他にはない発想での経営にも注目が集まる。ABBEYの社訓にある「笑顔を絶やさない」を誰よりも率先して実践しているのは松永氏だ。暗いムードの世の中だが、彼のまわりは笑顔があふれている。特に初めてのお客さまは緊張しているもの。リラックスできる雰囲気づくりと、理想を超える満足の高いスタイルを提供することを大切にしている。切りたてだけでなく明日、明後日、1カ月後もハッピーな気持ちが続くようなヘアデザインづくりも信条だ。お客さまのニーズに応えられるよう、情報のアップデートと自分自身の進化も忘れない。

三笠竜哉

Tierra

DATA

03-6418-8005
http://www.tierra-net.co.jp/
東京都渋谷区神宮前6-28-3
Gビル神宮前06 B1
火曜
11:00～20:30　土 10:00～20:00
日・祝 10:00～19:00
お店…@tierra_hair
個人…@mikasa_tatsuya

▶ 完全予約制、個室あり

前髪長めのハンサムショートはここ数年人気のスタイル。毛先の動きで女性らしさを表現。

「髪を切って整えるということは、気分が上がり、生活にハリが出るものだと改めて感じました」。長い美容師人生のなかで、これほどまでに髪の重要性を肌で感じることはなかったという。ただの髪切り屋ではなく、生活を豊かにし、ハッピーをつくる仕事だということを再確認。業界内では似合わせの匠、魔術師と呼ばれるほど、彼の似合わせ力は群を抜いて高い。骨格や表情がわかりにくい状況でどれだけその力が発揮されるのだろうか。「僕が考える似合わせは、その人の雰囲気に合っていてまわりから可愛いね、いいねと褒められるヘア。骨格に合わせることも大事だけど、日常のなかで素敵に見えることを重視しています。そこはマスクをしていてもイメージができるので、ゆるがないと思います」。数々のトレンドを発信してきたが、それもまた似合わせにこだわってきたからと語る。「いくら新しいカラーや形を提案したとしても、モデルに似合っていなければマネしたいと思いませんよね。究極に似合わせられれば、大勢の人がいいなと思って広がっていくはず」。イメージする力や感性、それを形にする確かな技術があるからこそ支持されるのだ。

みやちのりよし

SHACHU

DATA ✂ SHACHU 渋谷本店

- 03-6712-6993
- https://shachuhair.com/
- 東京都渋谷区渋谷1-22-6
- 不定休
- 11:00～20:00
  土・日・祝 10:00～20:00
- お店…@ashachu_hair
  個人…@miyachinoriyoshi

▶ 完全予約制

マッシュラインのワイドバングで目の印象を強める。透け感と旬のカラーで渋谷らしいストリート感を演出。

「ユニコーンカラー」など独創性にあふれるデザインが若者たちを魅了し、国内外にその存在を知らしめた。現状にとどまらず、常に"秒速で進化"し続けるみやち氏らしく、コロナ禍においての判断もスピーディだった。すぐに約2カ月の休業を決め、その間はスタッフにレッスンキットを送り、オンラインで練習をチェックして手を止めることはなかった。営業再開をしても不安な気持ちを抱えてくるお客さまを前に、全国から来てもらうのではなく地方にも店舗を増やし通いやすくしようと決断した。「美容室はハッピー産業だから、お客さまが幸せであることを最優先にしたい」と話す。また、「ルールがないのがマイ・ルール」というポリシーで、斬新なカラーデザインもマニュアルに従うのではなく、こうしたら可愛く見える、喜んでもらえるとその場のひらめきで生まれるという。「僕は女の子のプロデューサーという気持ちでどうしたら可愛く見えるのかを真剣に考えています。"可愛い"も時代によって変化するから、僕らも進化し続けないといけない。美容が好きという気持ちも年々高まっていてこれからも面白くなりそう」と熱い思いを口にした。

宮村浩気

AFLOAT

DATA ✂ AFLOAT RUVUA

03-5357-7011
https://www.afloat.co.jp/
東京都新宿区新宿3-36-10
ミラザ新宿ビル10F
月曜
11:30～20:30　土 9:30～19:30
日・祝 9:30～18:30
お店…@afloat.official
個人…@afloat.ceo

▶ 完全予約制

宮村氏お得意の巻き髪に韓流エッセンスをイン。
大人の色香ただよう、モテヘア。

カリスマ美容師ブームを牽引し、日本のヘア界に新風を起こしてきた一人。コンビニの数より多いといわれる美容室の数、競争が激しいなかで、宮村氏が率いるAFLOATはFCを含め年々店舗数を増やし、どこも好調だ。彼自身も現役プレーヤーとしてサロンワークだけにとどまらず、CM、テレビなどのヘア＆メイク、国内外のヘアショーやセミナーなど忙しく駆けまわっている。髪がやわらかく舞うスタイルは宮村氏の専売特許。サロン名の「AFLOAT」は風になびくという意味があり、まさに彼がつくり出すヘアそのものだ。プレーヤーとしての実力は誰もが認めるところだが、経営者としての手腕にも注目が集まり、その秘密をまとめた書籍も出版されるほど。『任せ切る勇気』というタイトル通り、コロナ禍においても、指示を出す前にスタッフそれぞれが考え行動に移していた。現場のことはスタッフがよく知っているからこそ、彼らに任せることができるのだ。一時は急な休みができて戸惑ったが、心機一転、またゼロからスタートする気持ちになれたという。繊細なカットから生み出される、その時代を象徴するモテ髪をこれからも期待したい。

森内雅樹

Un ami

DATA ✂ Un ami omotesando

03-5774-1011
https://un-ami.jp/
東京都渋谷区神宮前5-6-13
ヴァイス表参道1F
月曜
11:00～20:00　木 12:00～21:00
金 12:00～21:30　土 10:00～19:30
日・祝 10:00～19:00
三連休最終日 10:00～18:30
お店…@unami_hair

▶ 完全予約制

よそ行きではなく、すっぴんみたいな自然体ヘア。伸びた根元も味に変える腕はさすが。

90年代のカリスマ美容師ブームを牽引してきた一人であり、今もなお現役プレーヤーとして大人女性にとってのカリスマだ。「まわりには上手な人がたくさんいたから、その人たちと同じことをしていても負けてしまうと思って、逆のことをやっていましたね。ヘアカタというとモデルはカメラ目線だけどあえてハズしたり、正面じゃなくて横顔だったり。それが僕にはスッとハマったし、一般誌でもウケたみたい」。同じようなヘアスタイルが並ぶなか、森内氏がつくるデザインは目を引いた。編集者からの信頼も厚く、常に巻頭ページを任されるスター美容師の地位を確立した。感性はないからと謙遜するが、確かな技術とセンスは誰もが認めるところ。また、周囲を楽しませることに長けていてその人柄にほれ込んでいる人も多い。「楽しく仕事をしていないとお客さまにはすぐに伝わりますから。スタッフが仕事でミスをしても、その場できつく叱ることはありません。その場の雰囲気が悪くなるだけでなく、そのうち先輩に怒られないための仕事しかしなくなるからね」。離職率が少ないサロンとしても知られ、トップとしてのあり方にも学ぶところが多い。

森田 怜

C・crew

DATA

03-6447-4405
https://c-crew.tokyo/
東京都渋谷区神宮前3-31-2
月曜
11:00～19:00
土・日・祝 10:00～18:00
お店…@ccrew_omotesando
個人…@ryoooooooooooooooo

▶ 完全予約制　※2021年春、拡張移転予定。最新情報はHPをご確認ください。

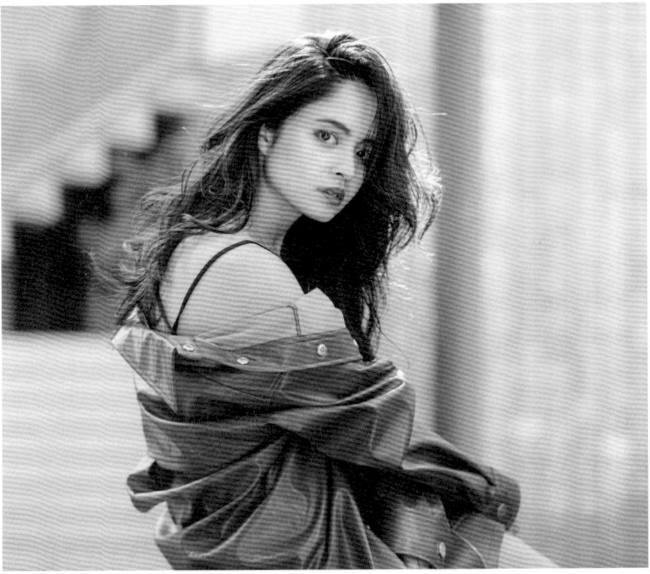

ヘアスタイルもファッションの一部ととらえ、
トータルでカッコいい女性を演出。

賑わいをみせる原宿から少し離れた住宅街に、森田氏が代表を務めるC・crewがある。平日の昼間でも、外まで人があふれるほど大盛況。カフェやオープンスペースもあり、ふらりと遊びに行きたくなるアットホームな雰囲気が人気だ。ハイトーンカラーやアメリカンスタイルを得意とするが、一番の武器はスピードとデザイン性。「その人のなかで一番の美容師でありたいし、誰にも負けたくない」と、カット技術には特にこだわりをみせる。無駄なカットは一切しない。ときにはバランスを調整するくらいでほとんど切らないこともあるそうだ。お客さまを目の前にすると一瞬で切るべきところがわかるのも森田氏の強み。それは感覚だけではなく「目を肥やす」ことで、養われた能力。デザインはファッションから組み立てることがほとんど。その日の服装をチェックするだけでなく、好きなブランドやアイテムをイメージする。さらに、友だちや恋人など周りの人までも想像して、その人たちからも「いいね」と思われるヘアスタイルをつくるのがポリシーだ。独立して約2年。おしゃれでカッコよくなれるサロンなら日本一といわれることが目標だという。

TAKA 山岸貴史

GARDEN New York/GARDEN Tokyo

DATA ✂ GARDEN New York

212-647-9303
https://garden-nyc.com/
323 West 11th Street New York NY 10014
Between Greenwich St. & Washington St.
月曜
9:00～20:00　土・日 9:00～19:00
お店…@gardennewyork
個人…@taka_nyc_garden

▶ 完全予約制
※2020年帰国予定はありません。最新情報はHP又は個人のInstagramでご確認ください。

ナチュラルで長持ちするボブヘアはNYでも人気。一人一人に合わせたオートクチュールのカットで魅了。

2016年からNYに渡り、東京とNYを行き来する生活となった山岸氏。東京では女性誌や業界誌、セミナーなどでも活躍し、ハイクオリティな技術には定評があった。伸びてもスタイルが決まる持ちのいいカットは、NYでも評判を呼び指名が絶えないという。骨格や髪質のバリエーションは日本と比べられないほど多いが、どんなお客さまがいらしても対応できるのはこれまで培ってきた経験があるからだ。NYコレクションへの参加や、セミナー活動も精力的に行っているという。国が違っても、美容師としてやるべきことは変わらない。お客さまの笑顔を導くことと、その過程を楽しむことだ。カウンセリングを大切にし、美容師は髪のお医者さんであるという考えのもと、必要なこととそうでないことは曖昧にせずきっぱりと伝える。NYでは自分の考えをはっきりと言葉にし、形にしなければお客さまはついてこない。コロナはNYにも大きな打撃を与えたが「目の前にいるお客さまをどれだけハッピーにできるか」を考え、より密接に携わっていきたいと気持ちを新たにしたという。国境を超え、彼のハサミの力がこれからも笑顔をつくり続けていくだろう。

山田千恵

DaB daikanyama

DATA

- 03-3770-2200
- http://www.dab.co.jp/
- 東京都渋谷区猿楽町 28-11
  ネスト代官山 1F
- 火曜（祝日の場合営業）
- 月・土・日・祝 10:00～19:00
  水・金 11:00～21:00
  木 11:00～20:00
- お店…@dab_hair

▶ 完全予約制

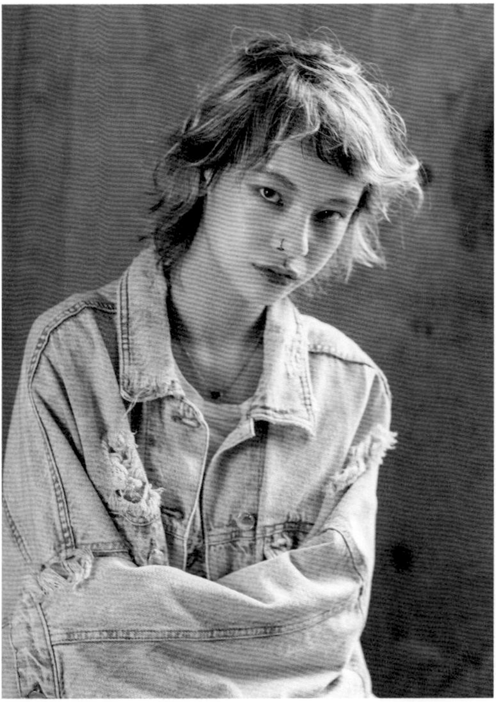

ローライトとペールトーンのミックスカラーで陰影をつけ、動きを感じるスタイルに。

ヘア界のレジェンドのひとり・八木岡聡氏が率いるDaBのオープニングスタッフとして参加し、サロン発展に貢献してきた山田氏。ヘアデザイナーとして長年トップを走り続け、他業界からもクリエイターとしてリスペクトされている存在だ。日本のカット技術の高さは世界でも認められているが、そのなかで違いを出すには「人としてのありかたや、独自の世界観が大切」と山田氏は語る。"私らしさ"を追求しながら、その日の気分やファッションに合わせ、幾通りもの見せ方が楽しめるヘアをつくることを大切にしているという。「コロナ禍で憂うつな気分のなか、何かを変えたいとサロンにやってくるお客さまが増えました。その方が想像している以上のワクワク感を与えられるヘアを提案することが使命だと思います」。その人がチャーミングに見えるにはどういうデザインがいいのか、会った瞬間の機微からイメージがわくという。切ったすぐでも、ずっとそのヘアだったようなフィット感が出せるのも彼女の強み。「髪は長い友と書きますし、体の一部。そんな大切な髪の毛を預けていただき、時代の変化をともに過ごせる仕事を誇りに思います」。

悠馬

Dayt.

DATA

03-6416-3851
https://www.dayt.tokyo/
東京都渋谷区恵比寿西2-12-14
第1・3火曜
11:00～21:00
土 10:00～20:00
日 10:00～19:00
お店…@dayt_tokyo
個人…@yuma.0322

▶ 完全予約制

毛束一本一本を繊細につくり込むことで、ラフだけどきれいが叶う。発色のいいラベンダーカラーも魅力。

代官山の閑静な住宅街の一角に、多種多様な人が集まるスポットがある。2018年に悠馬氏が立ち上げたDayt.だ。5階まであるサロンの内装は、世界中を旅してまわっていいなと思ったものを取り入れていて、彼のセンスをうかがうことができる。ヘアを通じてさまざまな人とつながりたいと日本茶スタンドを併設。髪を切らなくても近所の人が気軽に遊びに来られる場所でありたいと、サロンの前を歩いている人達に気さくに声をかける悠馬氏。おしゃれだけどアットホーム。それは彼がつくりだすヘアデザインにも通じるものがある。デザイン性が高く、一見奇抜に見えるスタイルも、美しいカットラインと肌にフィットする毛先、繊細な質感がミックスされ、その人になじむデザインになる。「自粛期間があけたとき、女性だけでなく男性も髪を切るっていいなとおっしゃってくれたのが印象的でした。僕ができるのは髪を切ること、デザインすること。そこはブレたくないと改めて感じました」。Dayt.に行けば面白い出会いがあるという付加価値もさらに高めていきたいと語ってくれた。

RYUSEI

Beleza

DATA

03-6450-5133
東京都渋谷区神宮前6-19-14
神宮前ハッピービル9F
無休
10:00～22:00
日 10:00～21:00
お店…@beleza.shibuya
個人…@n_saka_10

▶ 完全予約制

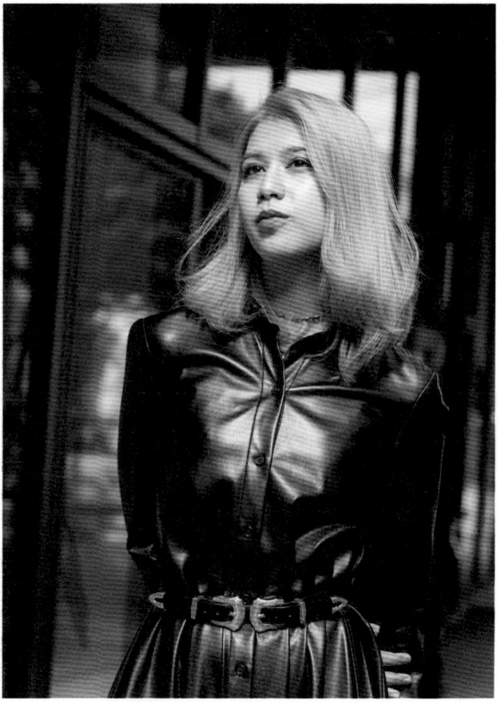

毛先までピンクを香らせた繊細なハイトーンカラー。RYUSEI氏ならではの技術が詰め込まれたスタイル。

数多くのベテランが活躍する美容の世界で、ひときわ注目を集めるのがRYUSEI氏だ。サロンスタッフは全員24歳以下。情報に強くスピード感があり、ネットでバズるものが感覚的にわかるといわれる「Z世代」である。「すべての分野で業界最速」を目標に掲げ、戦略的に打ち出した「ミルクティカラー」が功を奏し、宣言通り業界最速で月間指名売上げ1,050万円を達成。「思考時間が価値を生む時代」と語り、他業界からマーケティング知識を仕入れるなど、学ぶ姿勢も忘れない。RYUSEI氏の提案は、すべてがお客さま目線。SNSで発信する内容も、「＃女性目線スタイリング動画」「＃市販のシャンプー紹介してみた」など、お客さまから見ていかに有益な情報かを重視。イギリスで学んだヴィダル・サスーンの技法をベースに、目や頬骨の高さなどを考慮し、あえて左右差をつけた顔まわりのカットが得意。「お客さまは迷っているふりをしているが、一番したいことはわかっている」という信念のもと、質問を重ね、お客さま自身の口から答えを引き出すカウンセリングを大切にしている。美容業界に新たな風を巻き起こすRYUSEI氏の躍進は、とどまることを知らない。

加藤孝子

ROOTS

DATA

- 03-3770-1242
- https://roots-shibuya.com/
- 東京都渋谷区神南1-20-7 川原ビル3F
- 火曜、第2月曜、第3水曜
- 11:00～21:00
  土・日・祝 10:00～19:00
- お店…@roots_shibuya2003
  個人…@rootskato200331

▶ 完全予約制

えり足長めのマッシュウルフ。束感が際立つようにトリプルカラーで立体感を出す。

メンズカットのカリスマといえば、その生き方にも憧れる男性が多いイメージだが、誰よりも早くメンズカットを武器にしてトレンドを発信してきた女性がいる。それが加藤孝子だ。彼女が美容師人生を歩みはじめたころは、男性は床屋に行くものという時代だった。時代の変化からメンズ雑誌にヘア企画が増え、美容室に足を運ぶ男性もあらわれるように。ショートスタイルを得意としていたこともあり、積極的にメンズカットに取り組みその楽しさを覚えた。男心を知ることからはじまり、女性とは異なる骨格や髪質に対するアプローチの仕方をとことん研究し、練習を重ねたという。その結果、ヘアカタログの依頼も増え表紙を飾ることに。そこでさらに男性客が増え、メンズカットの第一人者となる。加藤氏が得意とするのは、骨格補正と作り込みすぎないナチュラルな束感。アイロンを使う男性も増えたが、乾かすだけで決まるスタイルを目指している。高い技術に加え、パワフルであたたかい人柄にファンも多い。長く愛され家族3世代で通っているお客さまもいるそうだ。

KUNI

Men's Lapis

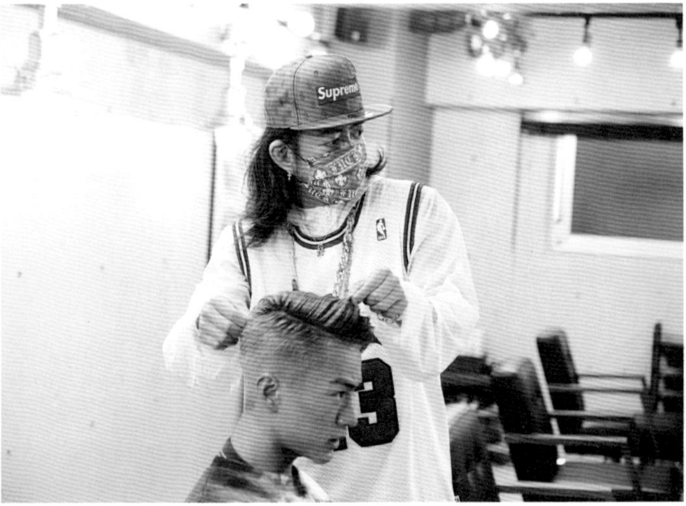

DATA

03-6416-3677
https://hair-salon-lapis.xyz/shibuya/
東京都渋谷区宇田川町31-4
シノダビル5F
不定休
11:00～21:00
お店…@hairsalon_lapis_official
個人…@kunikuni99

▶ 完全予約制

前髪に入れた青系のローライトがポイント、
アップバングでカッコよさを引き立てる。

渋谷で圧倒的な技術力を見せつけるのがKUNI氏。まず断りを入れておくと、コロナ以前からマスクは彼のトレードマークであり、おしゃれアイテムのひとつだ。見た目のインパクトとは裏腹に、彼が作りだすフェードや束感はとても繊細。女性以上に男性の印象は髪型に左右され、ごまかしがきかない。ゆえに美容師の腕の差がはっきりと出てしまうのだ。凝り性で妥協ができない性格もあり、髪の毛一本一本に魂を込めて美しいシルエットと質感をつくり上げる。横幅よりも縦のラインを重視し、バランスを整えていくのだそう。芸術的なフェードと躍動感のある束感が若い男性たちを魅了し、カッコよくなりたいとKUNI氏のもとを続々と訪れる。ヘアに興味がなかったような男の子たちも、彼の手にかかれば一遍。みるみると表情が変わり、サロンを後にするときには自信に満ち溢れた顔になる。「彼女ができた」「就職が決まった」「営業成績が上がった」と、髪形で人生が変わることも証明。その声が、またやる気につながり技術を磨く糧になるという。神の手と呼ばれる至高のテクニックで、新しい自分を発見してほしい。

カット・メンズスタイル / Cut・Men's Style

齋藤正太

syn

DATA

03-6427-0434
https://syn-hair.tokyo/
東京都渋谷区宇田川町11-6
宇田川KKビル2F
月曜、第2火曜
12:00～21:00
お店…@syn.hair.8756
個人…@signal8756

▶ 完全予約制、英語対応可

スパイラルパーマを生かした中性的なデザインが得意。やりすぎない絶妙な束感がおしゃれ。

有名モデルやYouTuberの顧客も抱え、2カ月先まで予約が埋まっているという新世代のカリスマ・齋藤正太。そのルックスで、学生時代からファッション誌のSNAPに度々登場し、注目を集める存在だった。有名サロンで経験を積み、2019年よりsynの代表に。人と人とのつながりが希薄になっている時代だからこそ、もっと濃いコミュニケーションをとりたいと6席のみのアットホームなサロンに。村づくりに興味があり、美容室というコミュニティで人の輪を広げていくことを目指している。感覚だけに頼らず、一人一人の頭を触り論理的に分析し骨格に合わせた最新トレンドを提供。毛束一つ一つの動きにこだわったスパイラルパーマのクオリティはトップクラスだ。美容師の押しつけではなく、お客さまが心地いいと思ってもらえる技術を提供することこそが本物だと齋藤氏は語る。また、SNSでの集客が必須の時代だからこそ見せ方にも工夫をし、インスタグラムのフォロワー数は18万人越え。ハイブランドのようにいつか行ってみたいと憧れられる存在でありたいと、1分1秒を無駄にせずレベルアップにいそしんでいる。

七五三掛慎二

OCEAN TOKYO WHITE

DATA

03-6804-6965
http://www.oceantokyo.com/
東京都渋谷区神宮前4-26-27
原宿Y'sビル2F
月曜、第2火曜
11:00～20:00
お店…@oceantokyonet
個人…@shimekakeshinji

▶ 完全予約制

磨かれたフェード
技術と美容要素の
パーマをかけ合わ
せた粋なスタイル。

全国のおしゃれ男子がいつか行ってみたいと憧れるOCEAN TOKYO。ナチュラルな動きのあるスタイルが主流のなか、エッジの効いたスタイルで魅了する七五三掛氏。本店の店長を経て、2017年グループ4店舗目となるWHITEの代表に就任。海外カルチャーからインスパイアを受け、バーバー（理容）と美容の融合に着目。もともと職人に憧れて美容の世界に入ったからこそ、職人ワザが光るフェードを極めたいという熱い思いもあった。メンズサロンが増え盛り上がりを見せているが、どこか画一的になっていないだろうか。束感ヘアを否定するわけではないが、街には同じヘアがあふれ個性が足りないと感じ、今の時代にマッチしたフェードスタイルを確立したいと技術を磨いた。自分にしかできないスタイルでお客さまやその周りの人たちを喜ばせたいというのが彼のポリシーだ。そのためにはお客さま以上にこだわりを持ち、どんなことが気がかりなのかを察知し先回りして提案していく。それが信頼となり、コロナ禍においても「七五三掛でなければ」と会いにきてくれることにつながったと自己分析する。これからも彼にしかできないデザインに期待したい。

JULIAN

MR.BROTHERS CUT CLUB 原宿2号店

DATA

03-6452-6242
http://mr-brothers-cutclub.com/
東京都渋谷区神宮前6-14-12
無休
11:00～22:00
日11:00～20:00
お店…@mr.brothers_cutclub
個人…@the_cutter_fucker

▶ 要予約

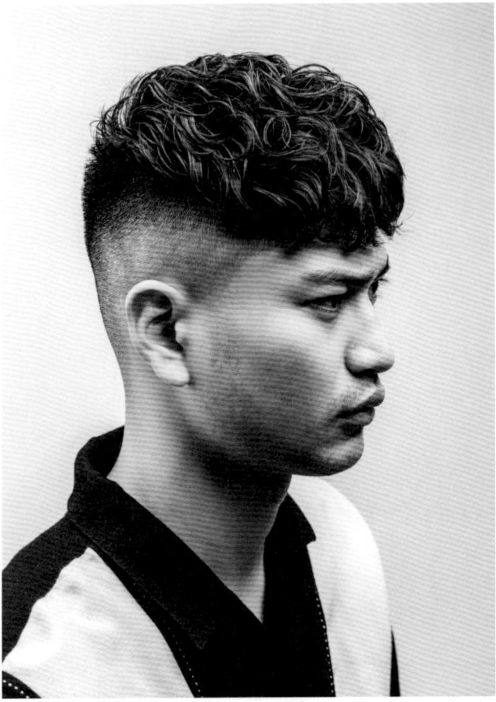

最近気になるのは、動きのあるドライな質感。ツヤよりもマットを意識。

男らしいクラシックヘアで、日本のバーバー界に新風を起こしたMR. BROTHERS CUT CLUB。もともとは女性をターゲットとしたサロンに勤めていたが、バーバーの世界に魅せられ西森氏とともにサロン立ち上げに参加。フェードにこだわり、彫刻のように削っていく作業で美しい造形を生み出すJULIAN氏。クラシックヘアは角があるスタイルだが、彼の手にかかるとどこかやわらかさを感じる仕上がりに。その人が持っている素材のよさをいかしながら、フェードの高さを骨格に合わせ360度どこから見ても美しいスタイルを作るのが彼の強みだ。生まれ持った髪色、髪質がその人に一番合っているというのが彼の持論で、むやみにパーマやカラーを勧めることはない。コロナ禍で客足が減ったことで、初心に帰れたという。お客さまと真剣に向き合い、本音をぶつけながら「男らしくなりたい」という思いをサポートしていくのが役割りだと再確認できた。ココにくることで他人の目を気にせず、自分の"好き"を表現する楽しさを知ってほしい。髪を切る場所だけでなく、内装やスタッフとの会話も含めバーバーの世界観を楽しんでほしいと語ってくれた。

世良田奏大

HEAVENS OMOTESANDO

DATA

03-6451-1088
https://www.heavens.co.jp/
東京都渋谷区神宮前5-9-3 GRACIA 2F
火曜
11:00～20:00
土・日・祝 10:00～20:00
お店…@heavens_hair
個人…@seratasouta

▶ 完全予約制

ハイライトで立体感を出し、ウエットな質感に。
きれいめシャツに無造作な動きを合わせるのがポイント。

表参道エリアで25年以上の歴史を誇る老舗サロンのひとつHEAVENS。ライフスタイルに合わせたデザインと扱いやすさに定評があるサロンで、メンズから圧倒的支持を得ているのが世良田氏だ。スタイリストとしてデビューしてから、自分の作品を出版社に持ち込み、サロンのHPには今までにないメンズ向けのコンテンツをつくることで、男性客を獲得してきた。その行動力が実り、ファッション誌『MEN'S NON-NO』をはじめ男性誌のヘア企画には欠かせない存在に。彼自身、学生時代からファッション誌のSNAPを飾るほど無類のおしゃれ好き。ヘアデザインを考えるときも、お客さまの好きなファッションやカルチャーにどうつなげていくかを意識しているという。また、再現性にもこだわり、代表・小松氏に徹底的に仕込まれたベーシックのカットで、形は崩さず軽さをコントロールしていく。小手先の技術や知識では長く続かないと、コロナ禍で再認識したという。「サロンに来るときはカッコつけてきてほしいですね。そして来たときよりもおしゃれになって帰ってほしい。僕のヘアがおしゃれに目覚めるきっかけになれたらうれしい」と語ってくれた。

髙木琢也

OCEAN TOKYO

DATA

03-6427-5323
http://www.oceantokyo.com/
東京都渋谷区神宮前5-27-7
アルボーレ神宮前 4F
月曜、第2火曜
11:00〜20:00
お店…@oceantokyonet
個人…@takagi_ocean

▶ 完全予約制

だれたようなゆるいパーマとぬれた質感で、エロカッコよく。長めの前髪が目元を強調。

東京、大阪に8店舗を構えるOCEAN TOKYOのCEO・髙木琢也氏。日本一予約が取れない美容師であり、彼のもとで働きたいと全国の美容学生が殺到する、令和のカリスマだ。各メディアでも取り上げられることが多く、美容室におけるメンズカットの地位を確立したのも彼の貢献が大きい。ただし有名になればなるほど弊害もある。お客さまやスタッフとの距離を感じるようになったという。そんなときに友人から「言葉が足りないんだよ」と愛ある指摘を受けた。「今までは背中で語るじゃないけど言わなくてもわかってもらえると思っていました。でも、言葉にしないと伝わらないし、信頼関係は築けないんだと改めて感じ、周囲への愛をきちんと表すようになりました」。自分の地位におごることなく、省みることができるからこそファンがつくのだろう。新しいことにも次々と挑戦。生活の一部としてOCEAN TOKYOを感じてほしいとシールやタオルなどオリジナルグッズの販売もスタート。爆発的人気となったスタイリング剤も手軽に買えるようにとコンビニでも販売。目の前の人だけでなく、そのまわりも幸せにしたいという思いはどこまでも続く。

外山龍助

hair make KIDMAN

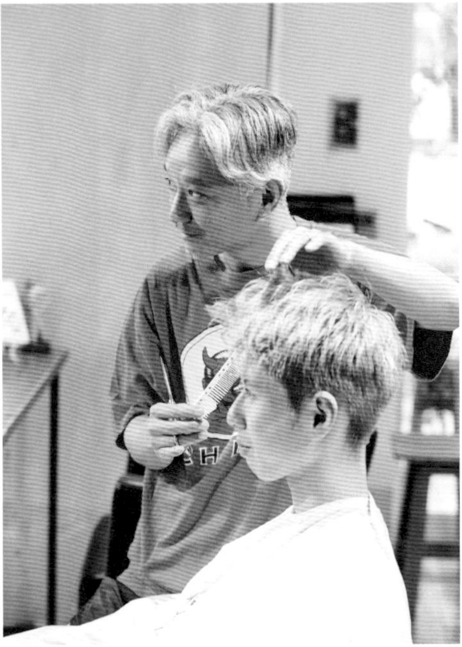

DATA

03-5422-8020
https://kidman.jp/
東京都渋谷区恵比寿1-30-14
マートルコート2000 #103
月曜
12:00～21:00
お店…@hairmake_kidman
個人…@moro1013

▶ 完全予約制

男らしさが際立つアップバング。シルバー系のカラーでクールに。

ミュージシャンや俳優、モデルからもヘア&メイクのオファーが絶えない外山氏。美容師としてもヘア&メイクとしても最高のクリエイティブを常に追求している。サロンワークではお客さまが次にご来店までの間、ストレスなく過ごせるよう再現性を重要視し、ご来店時の素髪でドライカットをしている。お客さま自身がブローした状態から切ることで、家でも扱いやすくなる。ヘアデザイン以上に気を配っているのが、お客さまがサロンで過ごす時間。緊急事態宣言後はお客さまが安心してご来店頂けるよう万全を尽くし、抗体検査キットも早々に常備した。免疫力を上げるボディメンテナンスもコンスタントに続けている。「コロナ禍でも変わらずご来店して下さるお客さまに支えられ、感謝の気持ちでいっぱいです」。常々心がけていることは感謝と愛情。クリエイティブのテーマは"永遠のエロガンス"。愛情あふれる接客とお客様のライフスタイルに合わせたヘアスタイルを追求し続けると外山氏は語る。

中村トメ吉

GOALD

DATA

03-6455-2283
https://goald.co.jp/
東京都渋谷区神南1-22-7 岩本ビル 5F
不定休
12:00～21:00
お店…@goald_official
個人…@tomekichi1102

▶ 完全予約制

令和のメンズトレンドは機能性×再現性。ラフにカッコよくツイストスパイラルパーマを軸に誰でも早く簡単にセット可能。

OCEAN TOKYOの創業者であり、日本を代表するメンズズヘアのカリスマ・中村氏。2019年9月再び起業。渋谷にGOALDを立ち上げ、翌年3月には名古屋店をオープン。業界に新しい価値観を生み出す実業家であり革命家だけあり、コロナ禍においても次々と施策を打ち出してきた。お客さまとのつながりをどう維持していくかを最優先に考え、いち早くクラウドファンディングを開始。オリジナルのマスク販売はスタッフからのアイディアだ。落ち込んだ世の中にワクワク感を届けたいと、なんとバンドまで結成！　中村氏がビジョンとして掲げる「メンズライフスタイルカンパニー」として、ハサミの力だけに頼らず、スタッフが持つパワーを集結して熱い思いを発信している。大きな決断を迫られることが多い1年だったが、これまで培ってきた経験から自分を信じ突き進んできた。さらに数々の決断と実行が大きな自信につながったという。施術中もマスクがはずせない今、新たなコミュニケーションも生まれている。「技術を売るのはプロとして当たり前で、僕らは体験を売っています。来て頂いたこの時間に様々な価値を生み出すことがミッションです。人対人を軸に楽しいエンタメ空間はマストですね」と、笑顔で語ってくれた。

西森友弥

MR.BROTHERS CUT CLUB 中目黒

DATA

- 03-5724-3308
- http://mr-brothers-cutclub.com/
- 東京都目黒区上目黒2-13-7 1F
- 不定休
- 11:00～22:00
- お店…@mr.brothers_cutclub
  個人…@mrpotatohead59

▶ 要予約

耳まわりはすっきりとさせ、サイドをポマードで流し品と清潔感のある大人のクラシックヘアに。

古き良きアメリカンカルチャーに魅せられ、フェードを取り入れたクラシックヘアを提供するサロンをオープンしたのが2015年。近寄りがたい風貌だが、とてもフランクで会話が途切れることは無い。西森氏の趣味が反映された店内はヨーロピアンヴィンテージでまとめられ、空間も楽しめるバーバーだ。「誰よりも遊び、誰よりも仕事をし、人の二倍生きる」が西森氏のモットー。仕事と遊びの隔たりがなく、すべてがつながっていると考えている。ゆえに、バーバーは自分たちにとってもお客さまにとっても日常の一部だということをコロナ禍で強く感じたという。大切なインフラだという思いのもと、通常通り営業。来店できない人にはオンラインでカットを指導する「テレカット」を実施した。世界中が不安な思いで包まれているなか、いつも通り過ごせる空間をつくることが自分たちにできる最大のサービスであり使命だと西森氏は語る。こんな時代でも変わることなく髪を切りにきてくれるお客さまには感謝しかなく、今、心から仕事が楽しいと思えるという。ハサミとバリカンを巧みに操る職人ワザを体感しに、ふらりと遊びにいってみては。

畑 成美

SARY

DATA

- 03-6805-1373
- http://sa-ry.com/
- 東京都港区南青山5-4-51
  シャトー青山第一403号
- 月曜
- 11:00～20:00
  土・日・祝 10:00～19:00
- 個人…@t.n.mukr

▶ 完全予約制

その人らしい素材を生かしたシンプルなヘア。ほどよく力の抜けたナチュラルさがフィット。

都内2店舗を経て、2017年に田中一輝氏が立ち上げたSARYに参加。彼の人間性や技術にほれ込み、背中を追いかけてきた。メンズを中心にやろうと決めたのも田中氏の影響が大きいという。畑氏の集客のほとんどはブログなどSNSからだ。男性のファッションを熟知し、女性目線を織り交ぜた今一番カッコいいスタイルを発信。さらに「カッコよくなりたいなら私に任せて！」と熱い思いを日々語っている。男性が美容室に行くなんて……とためらっている人こそ、おしゃれをする楽しさを知ってほしいという思いが根底にあるからだ。その人が持っている素材をベースに、特別ではなく日常にとけ込むシンプルで機能的なヘアスタイルを提案できるのが畑氏の強み。再現性の高いスタイルをつくるために、ちょっとした仕草や手のクセも観察し、ライフスタイルにも気を配る徹底ぶり。新規のお客さまには必ずスタイリング方法をレクチャーするのも彼女の愛あふれる接客術だ。若い世代には男性美容が浸透してきているが、カッコよくなりたい気持ちは年齢問わずあるもの。40代、50代でも髪型ひとつで変われることを伝えたいと、情熱を燃やしている。

三科光平

OCEAN TOKYO Harajuku

DATA

03-6455-5076
http://www.oceantokyo.com/
東京都渋谷区神宮前4-32-13
JPR神宮前432ビル 6F
月曜、第2火曜
11:00〜20:00
お店…@oceantokyonet
個人…@kohei_mishina

▶ 完全予約制

髪を洗った直後のそのままの状態でもカッコよく見える、ラクなスタイルが今の気分。

OCEAN TOKYOの立ち上げに関わり、現在はHarajuku店代表取締役を務める三科氏。有言実行をモットーに、生き方、カット技術において"なんとなく"でやるのではなく理論をしっかりと持ち、アクションを起こしてきた。彼は言葉で説明できないデザインはつくらない。○○みたいな感じというふわっとした曖昧な表現ではなく、刈り上げの幅、前髪の長さ一つ一つをわかりやすく説明してくれる。再現性には人一倍こだわり、お客さまのライフスタイル、スタイリングの技量を踏まえてデザインをつくり上げる。自分でセットできないスタイルでは、満足が得られないからだ。情報が溢れる時代、お客さまのレベルも上がり、なかには美容師に引けを取らない知識や技術を持った人もいる。レベルアップに貢献してきた一人は間違いなく三科氏だ。これからはマスに向けてだけではなく、ニーズに合わせて細分化した情報発信が必要だと彼は考える。一番重要なのは、サロンでしか味わえない価値を高めることだ。電車に乗ってわざわざ行く価値があるサロン、美容師であり続けるために、成長の歩みを止めることなく進んでいる。

安田幸由

MINX 青山店

DATA

03-3746-2722
https://minx-net.co.jp/
東京都港区北青山3-5-23
吉川表参道ビル 2・3・4F
火曜
11:00～20:00　金 12:00～21:00
土・日・祝 10:00～19:00
お店…@minx.hairsalon.official
個人…@minx_yasuda

▶ 完全予約制

おでこを出した爽やかで清潔感のあるスタイル。自然に髪をおろすとカジュアルな印象に。

美容専門学校の教材としても採用されるカットマニュアルを数多く発行しているMINX。日本のカット技術の向上に貢献してきたサロンのなかで、メンズの支持率が圧倒的に高いのが安田氏だ。ヘアのかかりつけ医でありたいと、カウンセリングには時間をかけ、お客さまの悩みやなりたい理想の形にじっくりと耳を傾ける。男性の多くは似合う髪型がわからず、お任せというオーダーが多いため、バックグラウンドをしっかりと把握してからカットに挑む。どんな仕事をしているのか、スタイリングにかけられる時間は？　etc.……。細かく質問をすることでヘアスタイルだけが一人歩きせず、その人にフィットしたものになるという。女性の場合は、可愛い、きれい、クール……となりたいイメージはさまざまだが、男性の場合は“カッコよくしたい”がほとんど。同性から見ても異性から見てもカッコいい要素を入れ込むことを意識しているという。また、オンとオフの切り替えができる2wayヘアに。扱いやすくてカッコいい、スーツにも似合う大人カジュアルヘアが安田氏の十八番だ。

AFLOAT XELHA

アフロート シェルハ

担当／斎藤詩歩さん

銀座に店を構えるXELHAはAFLOATのなかでも本物を知っている大人女性がターゲット。早い・簡単・傷まないAFLOATならではのパーマは、髪悩みを抱える多くの女性を救ってきた。モテ髪ブームを牽引してきた代表・宮村浩気氏が生み出した巻き髪スタイルは、なんといっても手触りのいい弾力あるカールがポイント。女性らしいゆる巻きパーマなら、右に出るサロンはないだろう。いち早くデジタルパーマを導入したが、最近の主流は髪への負担をさらに軽減した低温処理でかけるパーマだ。豊富な薬剤を髪質やパーツによって使い分け、軟化のプロセスをしっかり行うことで低温でもしっかりとカールやウェーブがつくのだ。傷みやすい毛先にはトリートメント成分配合の薬剤を使用するので、パーマ独特のパサつきを感じさせない仕上がりに。デジタルパーマは形状記憶式なので、乾かすだけで決まるのもうれしい。ゆったりとしたやわらかい毛流れも自然とサマになり、朝の支度時間が短縮できると働く女性からの人気が高い。クセ悩みを解消できる前髪パーマのオーダー率も上昇中だ。

DATA

03-6264-4136
https://www.afloat.co.jp/salon/xel-ha/
東京都中央区銀座4-8-4
三原ビル 2F
火曜
11:00～20:00　金 12:00～21:00
土・祝 10:00～19:00
日 10:00～18:00
@afloat.official

▶ 完全予約制、個室あり

ANTI

アンティ

担当／IKEさん

「パーマの魔術師」と呼ばれる小松利幸氏が率いるANTI。独自のパーマ理論であるKPM（小松パーマメソッド）は、特許を取得した業界屈指のテクニック。パーマをかけると髪が傷むというネガティブなイメージを払拭するほど、その仕上がりは驚くほどやわらかく艶やか。ブリーチやハイトーンカラーの髪でもしっかりとパーマをかけることができるのもKPMならでは。外国人のクセ毛のようなやわらかい質感を叶える「Air Wave」の開発にも携わっており、業界内でのパーマに対する貢献度が高い。ハード面だけでなく、扱いやすいおしゃれなデザインにも常に注目が集まっている。今、気になるのは、カールとウェーブの中間のようなスタイル。ウェットな質感と、前髪のイレギュラーなカールも推し。狙った動きをつけるためには、カットが重要。パーマ技術がすぐれているサロンは、カット技術もハイレベル。髪の動きを計算してレイヤーを入れることで、カールが生きてくるのだ。家での再現性もきちんと考えられているので、いつでも気分が上がるおしゃれヘアが楽しめる。

DATA ✂ ANTI Ours

03-6712-8806
https://anti-world.jp/
東京都港区南青山6-3-14
サントロペ南青山 2F
火曜、水曜
11:00～21:00　金 13:00～22:00
土 10:00～20:00
日・祝 10:00～19:00
@anti_ours_aoyama

▶ 完全予約制、個室あり

apish ginZa

アピッシュ ギンザ

担当／藤原駿さん

オリジナルのパーマ理論と技術により、パーマ比率が圧倒的に高いapish。研究を重ねて確立された独自のノウハウは、サロン内だけの伝承にとどめず、パーマアカデミーを主宰し日本全体のパーマ技術向上に貢献している。アカデミーの中心スタッフが集まる銀座店では、次々と新しい手法が生まれている。そのひとつが「波巻きパーマ」だ。一大ブームとなった波ウェーブをパーマで再現できないかと、藤原氏が試行錯誤を重ねて誕生。完全オリジナル技術で、アイロンで巻いたような質感を実現。アイロンで巻く手間が短縮され朝の忙しい時間に余裕ができたというお客さまが続出。ココでしかできない「波巻きパーマ」を求めて全国から予約が殺到中。銀座店でもうひとつ注目したいのが「髪質改善パーマ」。硬い髪はやわらかく艶やかに、ネコッ毛はボリュームアップ。形を変化させるだけでなく、髪質までも操ってしまうのだ。パーマ専用のカット技術もapishならでは。お客さまの笑顔を増やしたいと今日も技術向上に邁進している。

DATA

03-5537-6177
https://www.apish.co.jp/
東京都中央区銀座5-3-13
GINZA SS 85ビル 3F
月曜
火 10:00～18:00
水 10:00～20:00
木 11:00～19:00
金 11:00～21:00
土・日・祝 10:00～19:00
@apishofficial

▶ 完全予約制、個室あり

Cocoon 表参道

コクーン オモテサンドウ

担当／泰斗さん

「ショートがうまいサロン」「クセ毛の救世主」。Cocoonのイメージを挙げるとしたら、この2つに集約されるかもしれない。乾かすだけでまとまる「ノンブローカット」がサロンの代名詞であるからだ。クセがあってもカットだけで形になるのがウリだが、そこにパーマを加えることでさらに扱いやすい髪になると泰斗氏は語る。「パーマスタイルこそ、カットでのベース作りがとても肝になる。ノンブローカットは、360度の立体で形を構築していくので、実はパーマスタイルととても相性がいいんです」。スタイルに対する理解が深いからこそ、どこの癖を活かすか、どこにカールが必要か……その人それぞれに対して、確実に見極めていく。おすすめはレイヤー＋平巻きパーマ。たっぷりと段が入っていることでカールがズレて重なり、ウェーブのような仕上がりになる。一番ホットなのが、根元を狙ってかける「プリカール」だ。ペタンとしやすい髪質でも根元からふわっと立ち上がるので、手間なしで美シルエットが叶う。ノンブローにこだわるサロンだからこそ、パーマをかけたからといって特別なスタイリングは不要。時短でおしゃれなヘアを叶えるならCocoonに決まりだ。

DATA ✂

03-5466-1366
http://www.cocoon-van.com/
東京都渋谷区神宮前 5-6-5
Path 表参道 A棟 B1
火曜、第3月曜
11:00～20:00　金 11:00～21:00
土 10:00～19:00
日・祝 10:00～18:00
@hair_space_cocoon

▶ 完全予約制

LIPPS 原宿

リップス ハラジュク

担当／たなかさん

海外からも注目が集まる、日本のおしゃれ発信地・原宿。メインストリートである竹下通りの入り口にあるのがLIPPS原宿だ。カッコよさを追求したスタイルを提案し続け、今では約9割が10〜20代の若い男性客だという。なかでも人気なのが、ツイストやスパイラルをミックスした束感のあるパーマスタイル。LIPPSオリジナルのブラストパーマは、クセ毛のような無造作な質感が命。会社員になるとカラーで遊べない分、パーマで自分らしさ、カッコよさを表現する人が増えるのだとか。黒髪に映えるナチュラルな束感ヘア、さわやかアップバング、ハードなツーブロックなどバリエーションも豊富で、全国のおしゃれ男子をトリコにしている。パーマのデザインを支えているのは、最高の似合わせ技術。なりたいイメージをお客さま視点で共有し、髪のプロとして骨格や髪質に合わせて落とし込んでいく。オリジナルの技術「フレームカット」で、再現性の高い似合わせヘアを提供。誰でも簡単に束感がつくれるようにオリジナルのスタイリング剤も開発し、ヒットを飛ばしている。

DATA

03-5474-1274
https://lipps.co.jp/
東京都渋谷区神宮前1-19-11
はらじゅくアッシュ 4A
月曜
火・金 12:00〜21:30
水・木 12:00〜21:00
土 11:00〜21:00
日・祝 10:00〜20:00
@lipps_mens

▶ 予約優先

MINX 銀座二丁目店

ミンクス ギンザニチョウメテン

担当／木俣翔さん

MINXではテクニックごとに研究、開発するプロジェクトチームを結成。パーマにおいても、モデルを使って新しい薬剤や施術方法を試し、その結果をもとに各店で使える技術に落とし込んでいく。パーマを知り尽くしたプロジェクトリーダーがしっかりと指導をするので、スタッフ全員のパーマスキルは高く、髪質やトレンド、お客さまの要望に合わせたスタイルを提供することができる。かたい髪をやわらかく見せたり、広がりやすい髪をまとまりやすくしたりと、パーマは髪質改善の一つであると木俣氏は語る。「自分の髪に自信が持て、いい感じ！と思ってもらえることを目指しています。そのためにはまずダメージを軽減すること、手入れが簡単で扱いやすいパーマを提供することを心がけています」。豊富な薬剤と多様なテクニックがあるからこそ、さまざまな提案が可能。内・外をミックスした甘さをおさえたカジュアルなハネ感が銀座に集う大人女性を魅了している。パーマを敬遠していた人でも、デザイン力や扱いやすさに感動してリピートするほどだ。

DATA

03-5524-0081
https://minx-net.co.jp/
東京都中央区銀座2-3-1
Ray Ginza 9F
火曜
11:00～20:00　金 12:00～21:00
土・日・祝 10:00～19:00
@minx.hairsalon.official

▶ 完全予約制、個室あり

nanuk shibuya

ナヌーク シブヤ

担当／津崎伸二さん

おしゃれ女子の憧れ、外国人のようなクセ毛もnanukの手にかかれば、生まれ持った髪質のような自然に溶け込むスタイルが叶う。パーマはその人らしさを最大限に引き出すための選択肢の一つであり、美容師にとってもお客さまにとっても素材を変えられる武器であると津崎氏は考えている。さらに「ロッド一本一本に意味を持たせ、僕らの思いを込めて巻いているので、作り込んではいるけれどその人になじむんです」と語ってくれた。パーマというカテゴリー、言葉に縛られず独自の手法で“クセ毛”をつくり上げていくのが特徴。質感、動き、ボリュームをコントロールして扱いやすく、再現性の高いスタイルを提供している。もちろんダメージレス。パーマにありがちな自分ではスタイリングしにくい悩みもなし。サロン帰りのようにはならなくても、骨格や髪質に合わせて髪が勝手に動くようにつくられているので、ぬらして乾かせばなんとなく決まるのだという。それがナチュラルな可愛さにつながるのだ。美容師のやさしさが詰まったスタイルにテンションが上がること間違いなしだ。

DATA

03-6450-6032
http://nanukhair.com/
東京都渋谷区渋谷1-11-3
第1小山ビル 4F
火曜
11:00～20:00
水 11:00～19:00
土・日 10:00～19:00
@nanukhair

▶ 完全予約制

OCEAN TOKYO

オーシャン トウキョウ

担当/陽介さん

言わずと知れたメンズヘア界の雄、OCEAN TOKYO。クセで広がる、うねりでまとまりが悪いなど髪の欠点をカバーするカットに加え、絶妙な毛流れを生むパーマもサロンの強みだ。髪の状態、理想の髪型と望む質感を叶えるのは、ベストな薬剤選定と塗布方法と時間にかかっている。ロッドの巻き方を含め、一つ一つの工程をていねいかつスピーディに行い“なりたいスタイル”を叶えていく。髪に立ち上がりをつけたい、やわらかい質感にしたい、うねりを解消したい……どんな要望にもこたえてくれる。ライフスタイルに合わせた提案力にも定評がある。アイロンで巻くのが難しい、面倒という人にとって、パーマで簡単にスタイルが決まるのは何よりもうれしいこと。朝の時間が有効に使えるだけでなく、髪型が決まらないストレスからも解放されるのだ。メンズヘアにおいても、決めすぎないナチュラルなパーマがトレンド。スパイラル巻きでつくる、クセ毛風のアンニュイなスタイルのオーダー率が高い。即効カッコよくなりたかったら、迷わずGO！

DATA

03-6427-5323
https://www.oceantokyo.com/
東京都渋谷区神宮前5-27-7
アルボーレ神宮前 4F
月曜、第2火曜
11:00～20:00
@oceantokyonet

▶ 完全予約制

SHEA

シア

担当／千代間勇翔さん

かつてはパーマ屋とも呼ばれていた美容室だが、ダメージが気になる、お手入れが面倒とマイナスイメージが先行し、今は敬遠されがちだ。しかもお客さまだけでなく、美容師でもパーマに苦手意識を持っている人が多いという。しかし、アイロンを使ったゆるふわスタイルは圧倒的人気だ。そこで坂狩氏は、美容師にとってもお客さまにとっても“かけたくなるパーマ”の考案に力を注いでいる。昨年話題となったのが「#毛先だけパーマ」。パーマは難しいという概念を覆す簡単な手法で、自然に動く髪を実現。そのテクニックをおさめた本も話題となった。韓国発の根元パーマを日本人向けにアレンジした「#プリカール」も坂狩氏が中心になり考案。分け目が目立つ、トップのボリュームがないといった悩みを解消してくれる画期的なパーマだ。根元がのびてきても自然になじむように計算されているので、ふんわりシルエットを長くキープできるのがうれしい。作業工程もシンプルなので、短時間で可愛くなれるのも魅力だ。新スタンダードを生み続けるサロンの活躍にこれからも目が離せない。

DATA

03-6450-6985
https://shea.tokyo/
東京都渋谷区神宮前5-46-16
イルチェントロセレーノ 2F
月曜
11:00～20:00
@shea.hair_lifestyle

▶ 完全予約制

stair:case

ステアケース

担当／澁澤拓馬さん

パーマの第一人者として知られる時枝弘明氏とヘアカラーのスペシャリスト中村太輔氏が代表を務めるstair:case。それぞれの専門性を生かし、高い技術を提供。なかでもパーマは徹底的に髪への優しさにこだわり、タンパク質やビタミンなど髪に必要な栄養分を補うことで手触りと持ちのいいスタイルを実現。「パーマをかける前よりも髪のコンディションがよく、触れたくなるなめらかさ」と、時枝流パーマを初めてかけた人は驚くそう。カラーを繰り返して髪が傷んでいる、髪が細くペタンとしてしまう、クセ毛でまとまらないなどどんな髪の悩みにも対応。ブリーチ毛でもぷるんとした質感や、空気感のあるふんわり感が叶うので、若い世代からも支持されている。ハイトーン×パーマもstair:caseなら難なくクリア。これまでパーマで傷んだ経験がある人も、カラーでごわごわになった髪も劇的に髪質がよくなると、パーマのリピート率は驚異の9割以上！
日々進化を遂げ、昨年よりもさらに質のいい仕上がりになっているそう。百聞は一見にしかず。髪の生まれ変わりを体感してほしい。

DATA

- 03-6228-5569
- https://staircase-ginza.com/
- 東京都中央区銀座5-5-14 JPR 銀座並木通りビル 10F
- 第3火曜
- 9:30～21:00 日 10:00～19:00
- @staircase_ginza

▶ 完全予約制、個室あり

ZACC

ザック

担当／宮川勇人さん

10年継続できるサロンは全体の5%と言われる時代、30年以上の歴史を誇るZACC。代表の高橋和義氏はカリスマ美容師として業界の発展に貢献してきた一人だ。丸みのあるフォルム、やわらかい質感、ツヤのある髪をベースとした愛されヘアがサロンの強み。その基礎となるのが「ノンストレスワーク」。髪を引っ張るなど余計な力を加えず、髪が自然に落ちてくる位置でカットをするので、もとのクセともなじみスタイリングしやすいヘアが完成するのだ。オリジナルのヘアケア剤や、トリートメントメニューに定評があるサロンだけに、パーマにおいても髪のコンディションには人一倍気をつかっている。トリートメントとパーマが同時に行われる「ハイブリットパーマ」で、タンパク質を補いながらウェーブをつけるのだ。家で扱いやすく傷ませないパーマを考え、早くから「中性パーマ」をメーカーと共同開発。髪に負担をかけないようとことん考えられた独自の手法で、パーマファンを増やしている。極上のやわらかさと、優美な毛流れはここでしか味わえない技だ。

DATA

03-5468-5882
http://www.zacc.co.jp/
東京都港区北青山3-11-7
Aoビル 4F
無休
月・火・水 11:00～20:00
木・金 10:00～21:00
土・日・祝 10:00～19:00
@zacc_hairsalon

▶ 完全予約制、個室あり

air-AOYAMA

エアー　アオヤマ

担当／榊原康平さん

有名タレントやモデルからの信頼が厚く、CMや雑誌等でのヘア＆メイクを手がけるなど多方面で活躍しているair。青山店にはおしゃれへの関心が高く、リアルトレンドを求めてやってくるお客さまが多い。レベルの高い要望にこたえられるよう、技術の向上だけでなく最先端の薬剤や機器を取り入れている。カラーにおいては業界内での評判も高く、くすみカラーを爆発的人気に押し上げた「THROW」や鮮やかな発色が魅力の「tintbar」の開発にも携わっている。airのイメージといえば「コンサバヘア」だが、青山店ではカジュアルさをプラスしたヘアが人気だ。やわらかな巻き髪にマッチする上品な暗髪のオーダー率が高い。ブルーを加えることで重くならず、透明感のある髪色に。毛流れを際立たせるハイライトもなじみがいいので、オフィスでも浮かずトレンドが楽しめる。パーソナルカラー診断と、スタイリングマップを組み合わせてお客さま一人一人に似合う髪色やスタイルをトータルで提案。髪色の発色だけなく、肌までもきれいに見えるカラーをお試しあれ。

DATA

03-3486-8261
https://www.air.st/
東京都渋谷区神宮前5-51-8
La Porte Aoyama 5F
火曜
11:00～21:00　木 11:00～20:00
日・祝 10:00～19:00
@air_lovest

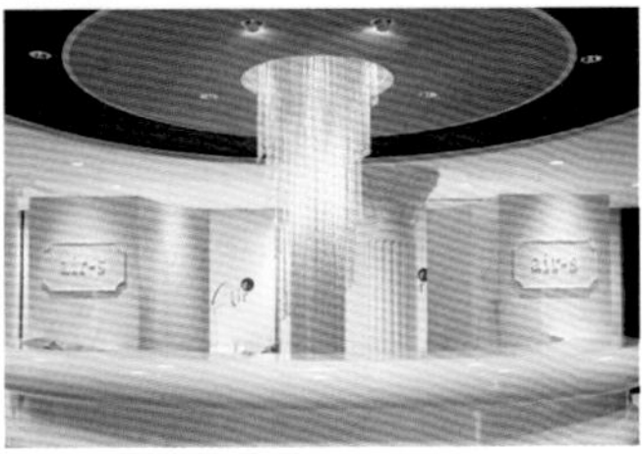

▶ 予約優先、個室あり

Beleza shibuya

ベレーザ シブヤ

担当／RYUSEIさん

担当／emiさん

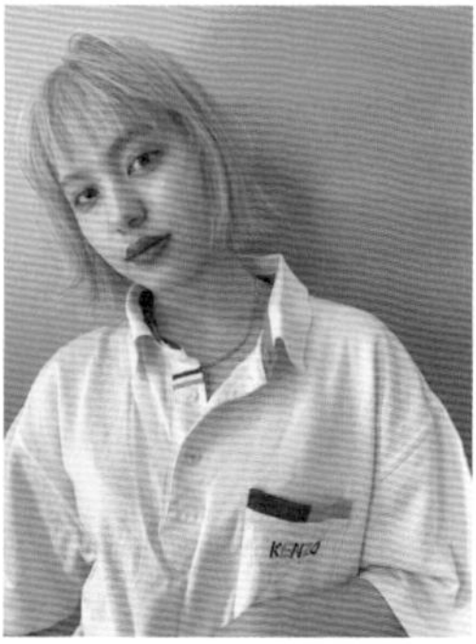

SNSを惜しみなく活用し、集客につなげている新世代サロン・Beleza shibuya。わずか7カ月でスタイリストデビューを果たした伝説を持つRYUSEI氏がマネージャーを務め、スタッフ全員が24才以下というフレッシュな集団だ。「年齢は関係ない、若手でも輝けることを証明したい」と、貪欲に学びスタッフ同士で切磋琢磨。“時間こそが最大のサービス”と考え、お客さまのサロン滞在時間を短くするために効率よくスピーディに施術することに力を注ぐ。カラーの顧客数は日本トップレベル。そのためにはカラー剤の知識が欠かせない。スタッフ同士で技術や知識を共有し、型にとらわれることなく無駄のない連携プレイでお客さまに対応。扱うカラー剤のメーカーは問わず、サンプルをとことん試し、いいと思ったものは1本だけでも仕入れることがあるという。その豊富な知識と革新的な技術からセミナー依頼も絶えず、同業者からも注目を集めるサロンだ。若者を魅了するのは、透明感あふれるミルクティーカラーとバリエ豊富なピンクカラー。発色のよさに心躍ること間違いなし。

DATA

03-6450-5133
東京都渋谷区神宮前6-19-14
神宮前ハッピービル 9F
無休
10:00〜22:00
日・祝 10:00〜21:00
@beleza.shibuya

▶ 完全予約制

bloc japon

ブロック ジャポン

担当／三室安那さん

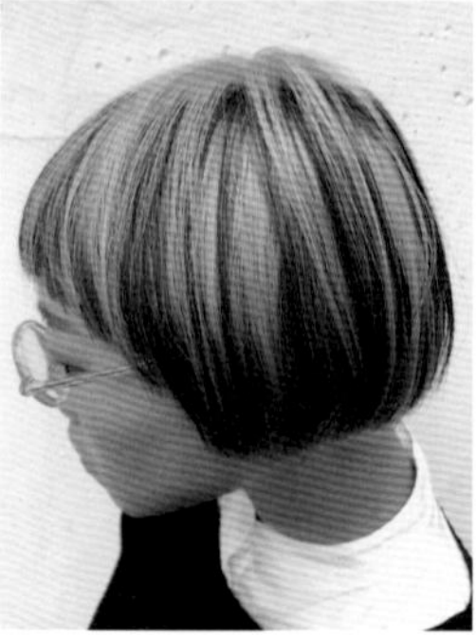

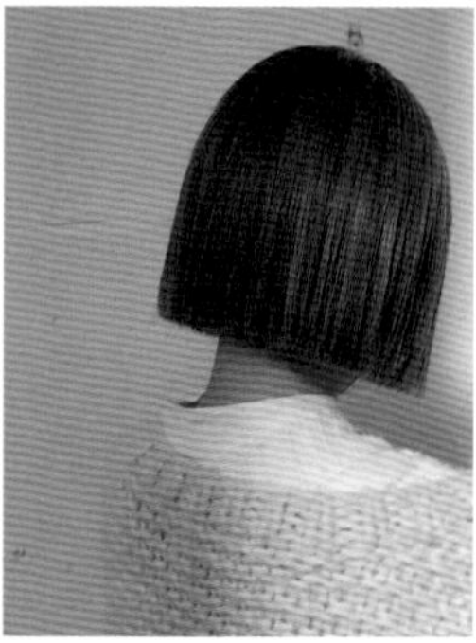

圧倒的なセンスと独創的な世界観は、ミュージシャンやモデルたちからも愛され指名が絶えない。オープン20年を迎え、ますます唯一無二の存在感を放つ。エッジの効いたデザインカラーがblocの強みだ。高い技術と豊富な知識を持ったスペシャリストが多数在籍し、個性あふれるカラーを生み出している。お客さまの要望に合わせて、ハイライト、インナーカラー、グラデーションなど、どんなデザインにも対応できるが、カルチャーからインスパイアされたデザイン提案力がblocならでは。在宅ワークが増え、カラーを楽しむ人が多くなったという。会社員でも取り入れやすいのがインナーカラー。顔まわりに色を忍ばせるだけで、おしゃれなアクセントに。レイヤーを入れ、毛先と中間にブリーチをミックスすることで、わざとらしくなく自然になじむという。ピンクやホワイト系も根強い人気だ。理想のカラーを叶えるためには、髪のコンディションを最優先。ダメージを最小限におさえ、高品質な発色を叶えてくれる。オンリーワンのデザインカラーを求めるなら、マークしておきたいサロンだ。

DATA

03-5784-3227
https://www.bloc.co.jp/
東京都渋谷区神南1-5-19
ハレ神南 1～3F（1F受付）
無休
11:00～21:00
土・日・祝 10:00～20:00
@bloc_japon

▶ 予約優先

CALON 銀座

カロン ギンザ

担当／西海洋さん

日本を代表するカラーリストの一人、西海氏が代表を務めるCALON。独自の理論でヘアカラーの可能性を広げ、業界内での信頼度も高い。徹底した毛髪診断とカラー剤に負けない強い髪をつくる予防ケア、200種類以上あるカラー剤から一人ひとりに合わせたオーダーメイドの調合。どれをとっても一流の技術が光る。白髪に悩む大人女性の心をつかんでいるのは、白髪染めを使わずに染める「グレーカラー2.0」という手法。一般的には黒い染料が多い白髪染めを使うが、CALONでは独自の調合でファッションカラーのみで染め上げる。白髪染めを繰り返すと髪がゴワつき、色も濁って見え髪がどんどん老けていく。ファッションカラーだけで染めることで白髪がなかったころと同じような色に仕上がるので、後ろ姿は20代をキープできるのだ。若い世代を中心に人気なのがハイライト。オーバルセクションで髪を取ることでハイライトに強弱が生まれ、巻き髪の毛流れがきれいに見えると評判。髪を老けさせないため、カラー後のケアも徹底。いつまでも品のいいツヤ髪が保てるのだ。

DATA

03-6278-8584
https://www.calon-ginza.com/
東京都中央区銀座5-13-19
デュープレックス銀座タワー 5F
月曜
10:00～20:00
金・土 10:00～21:00
日 10:00～19:00
@beautyandcarecalon

▶ 完全予約制

CANAAN 表参道

カナン オモテサンドウ

担当／森田昌範さん

担当／森山雄斗さん

担当／森田昌範さん

卓越したカラー技術と知識を持ち、業界を牽引してきた長崎英広氏が率いるCANAAN。ナチュラルからストリートまで幅広いジャンルを得意とし、感度の高いおしゃれ女子たちを魅了している。長崎氏の20年以上にわたる研究で構築されたシステムとテクニックで、ダメージレスで色持ちのいいカラーが叶う。現状にとどまらず、常に新しさをプラスするのがCANAANらしさ。少し太めのメリハリあるハイ＆ローライトが今の気分。左右で入れ方を変え、さりげなくアシンメトリーにして遊び心もイン。あえて黄みを残したベージュも新鮮だ。透明感のあるペールトーンもオーダー率が高い。自分だけのオリジナルカラーを求めてやってくるお客さまのサンプルとなるのがスタッフのヘア。美容師自らデザインカラーに挑戦することで、あんな色にしてみたい、光にあたると雰囲気が変わる、アレンジするとああ見えるんだと、写真とは異なり細部まで説明することができる。今の気分にフィットしつつ、1カ月、2カ月先まで考えた提案力も、リピート率が高い理由のひとつだ。

DATA

03-3499-7411
https://www.canaan-salon.jp/
東京都渋谷区神宮前5-17-20
ティスモ原宿 3F
月曜、火曜
11:30～21:00　土 10:00～20:00
日 10:00～19:00
@canaan.hairsalon

▶ 完全予約制

DaB omotesando

ダブ オモテサンドウ

担当／植杉真希さん

担当／尾又絵里菜さん

担当／角谷えり子さん

担当／鯨岡有樹さん

日本美容界のパイオニア、八木岡聡氏が率いるDaB。表参道エリアでは珍しい広々とした店内にはこだわりの装飾品が並び、まるでギャラリーのようだ。ハイセンスなサロンで生み出されるヘアデザインは、その人らしさを最大限に生かした心トキメクものばかり。カラーのスペシャリストが集まる「カラーラボ」があり、ブリーチ、インナーカラー、グラデーション、ポイントカラーなどお客さまが求めるデザインに応じて、約300種類の中からセレクトしてオリジナルレシピをつくり上げる。ヴィヴィッドなカラーや大胆なセクションカラーなど個性的なデザインに注目が集まりがちだが、髪のコンディションを一番に考えたケアと薬剤選定においてもハイレベル。ブリーチにありがちなパサつきやゴワつきをおさえ、手触りのいい質感に仕上げる「ケアブリーチ」の人気が高い。ハイダメージを抱えて助けを求めてやってくるお客さまも多いのだとか。明るくしたいけれど髪の傷みが気になる、大胆にカラーチェンジを楽しみたい、自分らしさを表現したい人におすすめのサロンだ。

DATA

03-5778-4700
http://dab.co.jp/
東京都渋谷区神宮前5-2-6
コロネード神宮前 1F
火曜（祝日の場合営業）
土・日・月・祝 10:00～19:00
水・金 11:00～21:00
木 11:00～20:00
@dab_hair

▶ 完全予約制

dakota racy

ダコタ レイシー

担当／小谷英智香さん

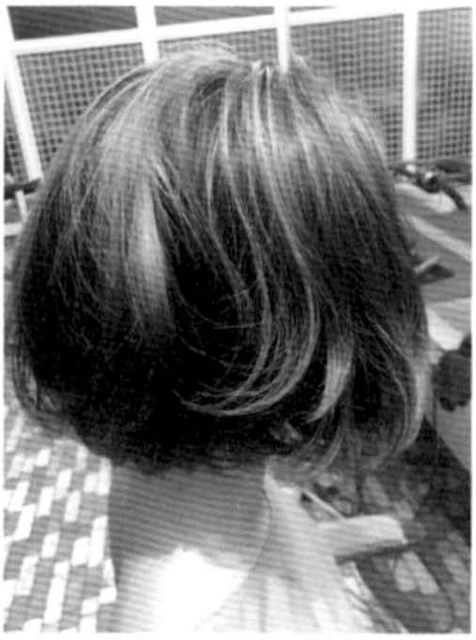

「アディクシーカラー」をはじめ、数多くのカラー剤開発に携わってきた小谷英智香氏が代表をつとめるサロンだけあり、カラーデザインのバリエーションはどこよりも豊富。大人女性の魅力を引き出すために『色香』『品格』『脱力感』をキーワードに掲げ、ナチュラルに溶け込むスタイルを提案。突き抜けたカラー知識に加え、海外のカルチャーにも精通し、そこからイメージをふくらませデザインに落とし込んでいく。系列店を含めサロンの内装を見れば小谷氏のアイデアのもとがわかってくるだろう。インパクトの強いカラーを取り入れる人が増えているが、青山に集う大人女性には、ナチュラルなグラデーションやさし色の色遊びがおすすめ。足し算ばかりでなく上手な引き算こそがTOKYOらしいのではと小谷氏は考える。お客さまのキャラクターに合わせたデザイン力があるからこそ、トレンドの移り変わりが早い時代でも古くさくならず常に新しさを感じるスタイルが手に入る。ライフスタイルと今の気分にフィットしたデザインカラーならdakotaにおまかせ。

DATA ✂

03-6434-5125
https://www.salon-dakota.com/
東京都港区北青山3-5-9
マネージュ表参道 3F
無休
10:30～14:00/15:00～20:30
火・土・日・祝 10:00～19:00
@salondakota

▶ 完全予約制

GALA

ガラ

担当／横藤田聡さん

カラー激戦区の渋谷で、上質なハイトーンカラーを出せるサロンといえばGALA。海外でもカラーセミナーを行うオーナー横藤田氏が生み出すダメージレスなブリーチワークで、カラー比率はほぼ100%。外国のストリートの女の子をイメージして研究してきたこだわりのデザインカラーはサロンの代名詞ともいえるだろう。人気の高い淡いピンクカラーも根元から毛先まで色ムラなく、高明度な仕上がり。切れ毛ができないよう髪を梳かずにカットし、ケアも万全に行うことで、スーパーロングでもツヤツヤなハイトーンを叶えてくれるのだ。根元、中間、毛先と塗り分けをし、流すタイミングにも細心の注意を払う。回転率を考えスピーディさを重視するのではなく、一人一人にきちんと向き合いながらていねいかつ効率よく仕上げていく。コントラストをはっきりとつけたハイライト、よりリアルに見える外国人風アッシュカラー、結んでもおしゃれに決まるバレイヤージュは定番人気。クールでセクシーな女性を目指すなら、GALAのこだわりがつ詰まったカラーをぜひ体験してほしい。

DATA

03-6452-6504
http://galahair-official.com/
東京都渋谷区渋谷1-9-1
渋谷ビジネス会館 2F
月曜、第2、第4火曜
11:30～21:30
土・日 11:00～20:00
@gala___official

▶ 完全予約制

kakimoto arms 六本木ヒルズ店

カキモトアームズ ロッポンギヒルズテン

担当／
福田唯菜さん（カラー）、
細矢裕輔さん

担当／
豊田麻美さん（カラー）、
松本礼也さん

担当／
飯田真弓さん（カラー）、
岩元俊介さん

1994年に日本初となるカラーリストを導入し、日本のヘアカラーのパイオニアとして知られるサロンだ。25年以上のキャリアを誇る高原紀子氏がカラーマネージャーを務めているのが六本木ヒルズ店。1人のお客さまに対してスタイリストとカラーリストの2名がつき、それぞれが持つ力を最大限に生かし、ハイレベルな要求にもこたえていく。色を巧みに操るカラーリストが、肌のトーン、瞳や唇の色から見極めるパーソナルカラーをベースにお客さまの魅力を引き出すカラーを提案。特にハイライトの技術が高く、海外からのお客さまもトリコにしている。また、一度入れたハイライトの根元だけを染め直せる技術があるのはkakimoto armsだけだ。パーソナルカラーをもとに、お客さまのファッション、ライフスタイルに合わせて色を選定するので、肌なじみがよく不自然さがないのが魅力。地毛を生かした細かくハイライトを入れるカラーデザインは、髪へのダメージが最小限で済み、根元がのびても気にならないのがうれしい。コントラストを強めたり、グラデーションにしたりとアレンジも自在。白髪カバーにもぴったりで、マダムたちにも人気だ。

DATA

03-5786-9810
https://kakimoto-arms.com/
東京都港区六本木6-10-3
六本木ヒルズウェストウォーク 2F
無休
10:00～20:00
土・日・祝 10:00～19:00
@kakimotoarms_official

▶ 予約優先

NORA HAIR SALON

ノラ ヘア サロン

担当／中迫ケンジさん

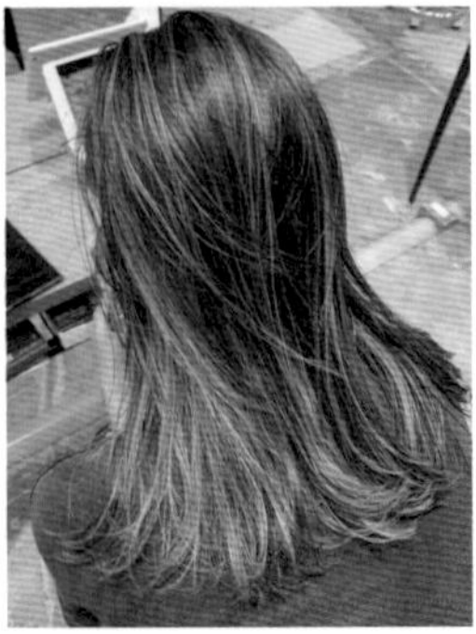

新しい自分に出会えるワクワク感や楽しさを伝えたいという思いから、ヘアだけでなく空間作りにも工夫をこらしている。まずサロンに入ると家庭用AIロボットLOVOTがお出迎えしてくれるというユニークさ。地下でありながら天井が高く広々とした店内には、国内外問わず様々なアーティストの絵画などが飾られていて、アートの発信地にもなっているのだ。もちろん、サロンの要であるヘアデザインにおいては最上のワクワク感を与えてくれる。注目すべきは、オフィスでも浮かないハイセンスなハイライト。根元は細く、毛先に向かって太くなるようグラデーションで入れることで立体感が増し、ストレートでも動く髪を演出できる。また、忙しく頻繁にサロンに通えない大人女性にとっては、髪が伸びても目立たずメンテナンスもしやすいという利点も。色落ちしてもおしゃれに決まると好評価だ。ハイライトに強弱をつけることで、かたい髪もやわらかく見えたり、外国人のような髪色を楽しめたりと、ヘアデザインの可能性がぐんと広がることを教えてくれる。このハイライト、メンズ人気も高いのだとか。

DATA

03-6419-9933
http://www.nora-style.com/nora/
東京都港区南青山5-3-10
FROM-1st BF
不定休
11:00～21:00　土 11:00～20:00
日・祝 11:00～19:00
@norahairsalon

▶ 完全予約制

SHACHU

シャチュー

誰ともかぶらない、淡色を何種類も使った幻想的なユニコーンカラーで一躍有名となったSHACHU。日本から世界へMade in Japan カラーを絶えず発信し続けている。魅力は何といっても目を引くビビッドなカラーとバリエーション豊富なデザインだろう。既成概念にとらわれず、今までにないファッショナブルなカラーデザインはまるでアートのようだ。目を引く派手カラーだけでなく、暗髪でも存分におしゃれカラーが楽しめるポイントカラーも学生に人気だ。透明感のあるホワイトカラーやハイトーンにも定評がある。大人世代は退色してもサマになるハイライトのオーダー率が高い。そう、どんなデザインでも信頼して任せられるのだ。カラーに力を入れているサロンらしく、プロユースのカラーシャンプー＆トリートメントのプロデュースにも参加。髪のケアにも手を抜かず、ハイスペックのトリートメントを導入している。自粛期間があけるとすぐに、カラーを楽しみたい若者たちが続々と訪れたそう。次にバズるカラーデザインも楽しみだ。ますますSHACHUから目が離せない！

DATA ✂

- 03-6712-6993
- https://shachuhair.com/
- 東京都渋谷区渋谷1-22-6
- 不定休
- 11:00～21:00
  土・日・祝日 10:00～20:00
- @shachu_hair

▶ 完全予約制

SHIMA AOYAMA

シマ　アオヤマ

40年以上続くサロンであり、常に時代の最先端を走ってきたSHIMA。10店舗あるなかでも青山店は、感度の高い大人女性に向けた色気のある愛されヘアや、大人ガーリーなスタイルが得意。トレンドに敏感な美容師から生み出されるデザイン性の高いカラーは、他とかぶらないSHIMAならではのハイクオリティ。青山店では大人女性のライフスタイルにマッチする透明感のあるナチュラルカラーが人気だ。女性スタッフが多く在籍し、ファッションやメイクからヘアデザインにアプローチしてくれるのでトータルでおしゃれが楽しめる。女性目線でつくるやわらかい質感や、絶妙な抜け感、トゥーマッチにならないこなれ感はさすが。ブリーチなしでもできる色素薄めのカラーや、深みのあるまろやかなカラーが青山店でのイチオシ。パーマのやわらかな質感とも相性がよく、ぐっとおしゃれに決まる。顔まわりで透ける毛束もポイントとなり、アレンジしたときも可愛いのがウリ。色素薄い系の大人ガーリーなスタイルや、韓国アイドル系のハイトーンカラーを目指す人におすすめしたい。

DATA

03-3401-4118
http://www.shima-hair.com/
東京都港区北青山3-5-25
表参道ビル
無休
11:00～20:00
土・日・祝日 10:00～19:00
@shima_official_account

▶ 完全予約制

SHIMA HARAJUKU

シマ ハラジュク

日本国内だけでなく、世界から注目を集めているSHIMA HARAJUKU。カラーのスペシャリストが多数在籍し、どのサロンよりも細部にこだわり、誰ともかぶらないおしゃれスパイスを投入。ハイトーンを繰り返しても髪のツヤを失わずうるツヤ髪をキープできるのは、SHIMAならではのトリートメントカラーにあり。ファッション業界ともつながりが強く、一歩先行くデザインを提供している。今や定番人気となったピンクカラーも早くから取り入れ、ブームの火付け役といっても過言ではない。それを裏付けるかのように、フラミンゴのような絶妙な色味が出せるカラー剤（ピラミンゴカラー）の監修に携わっている。鮮やかな発色と圧倒的な色持ちのよさは、業界でも話題。甘すぎない大人のピンクカラーが楽しめると顧客からの評判も上々。コーラルやハニーシルバーもあり、ますますおしゃれカラー人口が増えそうだ。原宿店は若いスタッフが多く、トレンドを創りだすパワーと発信力に長けている。海外セレブもうならせる、誰にもマネできないデザインカラーに今後も目が離せない。

DATA

- 03-3470-3855
- http://www.shima-hair.com/
- 東京都渋谷区神宮前1-10-30
- 無休
- 11:00～20:00
  土・日・祝日 10:00～19:00
- @shima_official_account

▶ 完全予約制

suburbia

サバービア

担当／黒柳剛さん

担当／山野邊麻美さん

日本人にとって欧米人の肌の白さや透明感のある髪は永遠の憧れ。単なる憧れで終わらせず、いかに外国人の髪に近づけられるかをとことん研究し、色素薄めのカラーを生み出したのがsuburbiaだ。いわば外国人風カラーのパイオニア。2年もの歳月を費やしてカラー剤を開発。サロン独自の処方「メラニンブレイクカラー®」で日本人特有の赤みを消し去り、ほかではマネできないプレミアムな透明感とツヤ、色持ちが手に入るとリピート率が高い。なかでも「ホワイトグレージュ®」のファンが多く、外国人風カラーの代名詞ともいえるだろう。単に色素薄い系を目指すだけでなく、生まれたてのような髪のやわらかさにこだわったカット、徹底的にダメージを減らすケアも支持される理由のひとつだ。制限があって明るくできない人でもハーフブリーチでナチュラルな外国人風ヘアを叶えることもできる。明るさは5段階で選べるので、どんな世代でもトライしやすい。流行りとしての外国人風ではなく、永遠のテーマとして今後も追求していく課題だとオーナーの石川氏は語ってくれた。

DATA

03-6804-4720
http://suburbia-hair.com/
東京都渋谷区神宮前3-41-5
火曜
12:00～20:00
土・日・祝 11:00～19:00
@suburbia_hair_tokyo

▶ 完全予約制

U-REALM omotesando

ユーレルム オモテサンドウ

担当／石原彩江さん

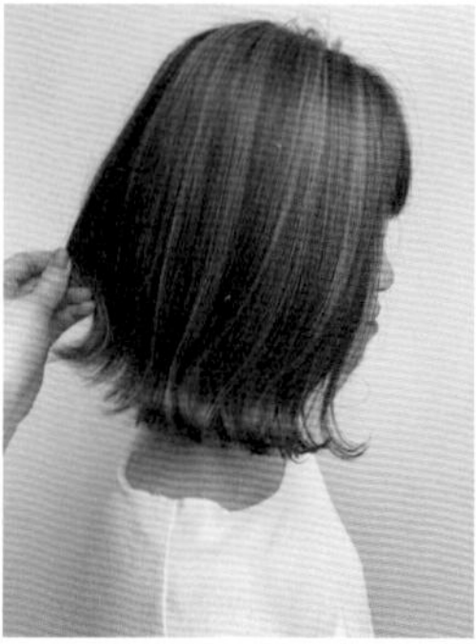

ヘアカラーのキーワードとしてハズせないのが“透明感”。日本を代表するカラーメーカーとU-REALMが共同開発をした「アプリエカラー」は、ブリーチをしなくてもにごりのないカラーが表現できると全国の美容師から厚い信頼を得ている。暗く染めても重くならず、内側から透けて見えるようなかつてない透明感が自慢。室内では落ち着いた髪色、光に当たると透明感を発揮するので、働く大人女性におすすめ。髪のコンディションを第一に考えるサロンだからこそのダメージをおさえたカラーで、なりたいデザインを叶えてくれる。「品のあるナチュラルさと、さりげないデザインカラー」が表参道店の十八番。例えば、マロン系のブラウンベースに太さに強弱をつけたハイライトをランダムに入れることで、今っぽいデザインになる。決して派手ではないけれど、自然と目を引く違和感が大人のおしゃれを格上げしてくれるのだ。顔まわりにポイントを置いたデザインも推し。ツヤ、透明感、手触りのよさを兼ね備えたカラーでワンランク上の女性を目指してみては。

DATA

03-5778-0529
http://www.u-realm.com/
東京都渋谷区神宮前5-6-13
ヴァイス表参道 2F
年末年始のみ（臨時定休日あり）
11:00～20:00
@urealm_omotesando

▶ 完全予約制

Wille

ヴィレ

担当／志賀尚之さん

カルチャーとトレンドの融合をテーマに掲げ、ユニークな発想で二次元の世界をリアルに叶えてしまう新感覚サロン。とはいえ、もともとはごく普通の美容室として2015年春にオープン。サロンの方向性を考えていくうちに、志賀氏の趣味であるアニメを絡めていこうと思いついたのだという。BGMにアニソンを取り入れるようになったタイミングで、新規のお客さまからアニメキャラクターのような髪色にしたいとオーダーが入る。他のサロンにはない新しいウリになると､積極的にアニメに絡めたカラー提案をしていくように。徐々に注目を集めSNSがきっかけで一気にブレイク。「2.5Dカラー」として、アニメファンに広く知られることになる。志賀氏の色彩感覚や色のコントロール、発色のよさに同業者からはそのテクニックを知りたいと問い合わせが殺到。業界誌でも特集が組まれるほど。不自然にならず、街にとけ込むよう再現するのが強み。もちろんアニメ専門ではなく、さまざまなカルチャーからイマジネーションをふくらませ、お客さまの"なりたい"を叶えてくれるサロンだ。

DATA

03-6433-5532
http://www.wille.tokyo/
東京都渋谷区神宮前6-23-4
KSビル 2F・3F
水曜
11:00～20:00
土・日・祝 10:00～19:00
@willehair

▶ 完全予約制

ZeLo

ゼロ

担当／三浦嗣史さん

バレイヤージュやホワイトカラーなど外国人風カラーに特化したサロンだが、顧客の9割はママ層だというから驚きだ。コロナ禍以前は、SNSを経由して外国からのお客さまも多かったという。約10年前に海外セレブを特集した雑誌を見ていたときに、コントラストのあるカラーにビビッときて、バレイヤージュを取り入れるように。日本ではまだなじみのなかったテクニックだったため、「プリンが気にならないカラー」と打ち出したところママたちの目に留まり拡散。子育てをしているとサロンへの来店周期が3カ月～半年となるため、伸びても根元が目立たないデザインがうまくマッチ。ママになってもおしゃれをしたい人たちの心をキャッチした。来店周期に合わせたデザインがZeLoのこだわり。一つのデザインにとらわれず、シーズンごとにガラリと変化をつけ新しい提案をすることもウリだ。これからの推しは、若い世代に向けたフルブリーチのホワイト系。派手なデザインカラーのラインナップからは想像しにくいが、サロンはアットホームな雰囲気。緑豊かな空間に癒やされるはずだ。

DATA

03-6804-6463
東京都港区南青山3-5-1
O&K南青山ビル B1
不定休
10:00～20:00
@zelo_miura

▶ 完全予約制

AFLOAT JAPAN

アフロート ジャパン

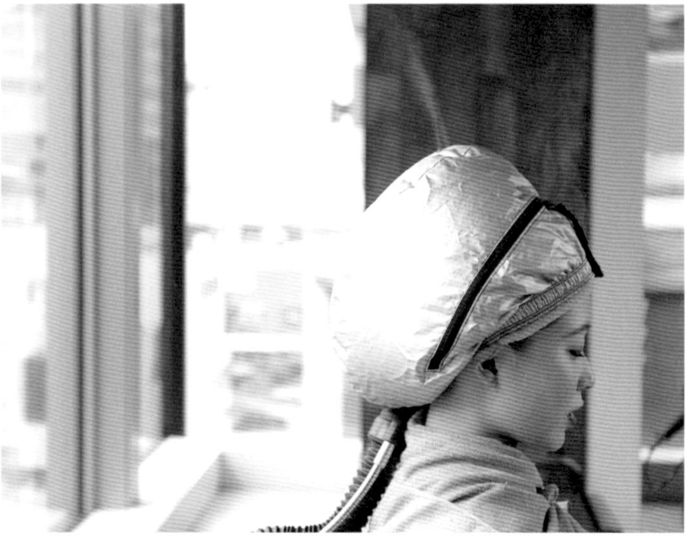

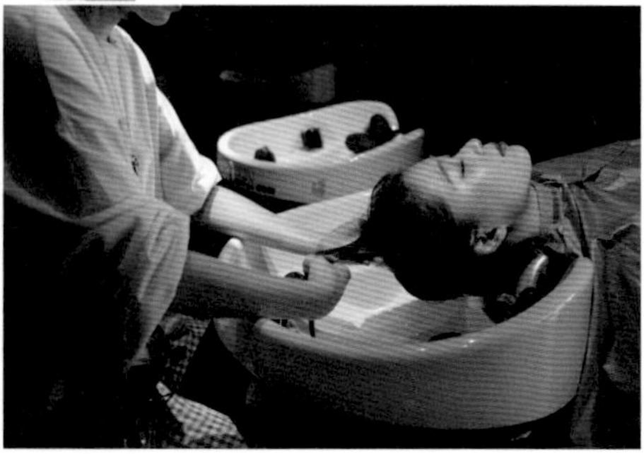

お客さまの髪質、悩みに合わせて薬剤を組み合わせていく。仕上がりはぷるぷるとした極上の手触り。

世代を問わずエレガントに輝き続けるために、トリートメント＆ヘッドスパメニューが充実しているサロンだ。トリートメントはお客さまのニーズに合わせるため、最先端で高品質の4種類を扱う。そのなかでも人気なのが、パーソナルケア。お客さまの髪の悩みを瞬時に判断して最適な薬剤を組み合わせていく。ダメージしている髪には、毛髪の最深部から栄養分を補給して修復を試み、美しさと再現性を備えた上質な髪に導く。なめらかでぷるんと弾む髪が1カ月は持続するので、ヘアスタイルもサマになる。ヘッドスパに関しても専属のスパニストがお客さまの悩みを細かく聞き出し、最適なケアをセレクト。フルフラット式の夢シャンプー台で至福のひとときが過ごせるのだ。また、サロンクオリティのヘアケアが自宅でもできるようアフロートオリジナルのシャンプー、トリートメントも販売。ヘアカラーやパーマの持ちがよくなる「キュエリー」は、髪を強くする「ヘアプロテイン」を配合。その効果から生産が追いつかないほどの人気ぶり。ぜひ一度、体験してほしい。

DATA

03-5524-0701
https://www.afloat.co.jp/
東京都中央区銀座2-5-14
銀座マロニエビル 10F
月曜
火 11:00～19:00
水・木・金 11:00～21:30
土 10:00～20:00
日・祝 10:00～19:00
@afloat.official

▶ 完全予約制、個室あり

Cut
Cut/Men's Style
Perm
Hair color
Treatment&Spa

AMATA

アマータ

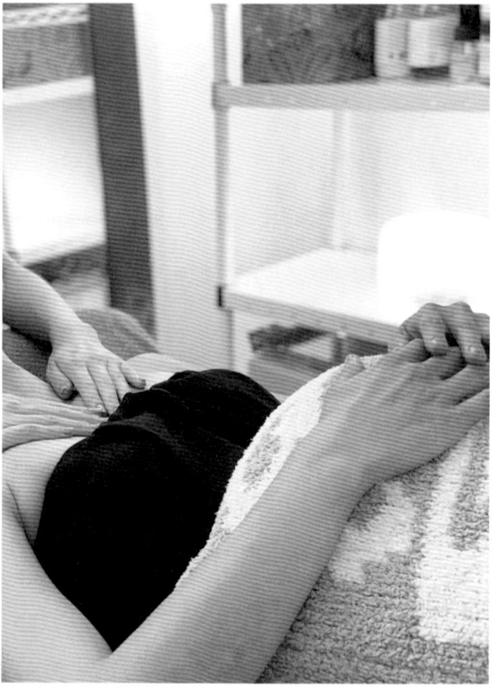

首や肩、デコルテ、二の腕までももみほぐすのでコリも解消。頭髪が健やかになるだけでなく、お肌もなめらかに整う。

今も昔も髪は女の命であり、年齢問わず艶やかでなめらかな髪は憧れ。その憧れをまさに体現しているのが、オーナー・美香氏。彼女の艶やかな漆黒スーパーロングを見れば、AMATAのトリートメント効果は一目瞭然。美香氏をはじめスタッフは毛髪診断士の資格を持ったプロフェッショナル。トリートメントは『グレード1〜5』までクラスがあり、豊富なメニューでお客さまの毛髪改善のために全力を注いでケアにあたっている。個室で受けられるヘアエステも充実。イタリアのオーガニックブランド「ORGANIC WAY」を使用した“忘れられないほどの気持ちよさ”が体験できる「OWAY beauty インプレッション」がイチオシ。20項目も工程があり、頭皮だけでなくデコルテや二の腕、指先までくまなくケア。ブライダルエステとしても人気のコースです。ヘッドスパでは、デンキバリブラシを使用し頭皮を刺激する「スティミュラス」が人気。脳疲労に働きかけ、全身の疲れも緩和してくれる。医療機関とタッグを組んだ育毛・発毛プログラムにも注目が集まっている。コロナ禍によるストレスで髪悩みを抱えている人も増えているという。まずは相談を。

DATA

03-3406-1700
http://www.pro-feel.net/
東京都港区南青山6-4-14
INOX AOYAMA 5F
火曜、水曜
11:00〜21:00
日・祝 10:00〜19:00
@hairsalon_amata

▶ 完全予約制、個室あり

apish AOYAMA

アピッシュ アオヤマ

カラーやパーマの前処理としても用いられる「ヴァリジョア」トリートメント。縮毛矯正との相性もいい。

apishのハイクオリティなパーマを支えているのが、素髪のケア。豊富な知識と経験を持つスタッフによるカウンセリングにより、カット・カラー・パーマなどのメニューに組み合わせながら、その時にベストなケアをコーディネートしてくれる。今、人気なのがパサつきやゴワつきをリセットするヴァリジョアトリートメント。サロン帰りだけでなく、翌日もさらに次の日も……1カ月はさらツヤ髪をキープできるという。業界向けのセミナーを含め1カ月で6,000人が体験し、約9割がリピートするほど。白髪染めを頻繁にして髪がかたくなっている人はもちろん、熱との相性がいいので、毎朝アイロンを使ってセットする人にもおすすめ。また、クセ毛で悩んでいる人も、トリートメントだけでまとまる髪になると好評だ。青山店には多種多様なトリートメントのほか、ヘッドスパも充実。また、メンズ向けの眉カットと頭皮クレンジングがセットになったコースも人気。育毛に特化した「ドクタースカルプ」コースにも注目したい。代表の坂巻氏が目指す「ヘア悩みに寄り添うヘアドクター」として、日々メニュー開発や商材研究に余念がない。

DATA

03-5766-3605
http://www.apish.co.jp/
東京都港区南青山5-12-6
青山和田ビル 2F
月曜
10:00～19:00
水・金 11:00～20:00
@apishofficial

▶ 完全予約制

ASSORT AOYAMA

アソート アオヤマ

継続して行うことで成分が蓄積され、回数を増すごとに効果がアップ。見違えるような髪へ。

日本国内だけでなく香港やN.Y.など世界展開しているASSORT。グループ全体で髪質改善に力を入れているが、青山店は特にトリートメントに力を入れている。豊富なメニューに加え、農業用に開発された高濃度酸素の技術を応用して作られたマイクロバブルを導入。とても小さな泡が頭皮の毛穴汚れや髪に付着した不純物をすっきりと落としてくれるので、カラーやトリートメントの持ちがぐんとよくなる。マッサージ効果もあるので「気持ちいい」とお客さまからの評判も上々。青山店でイチオシなのが、極上のツヤが出せる「髪質改善MUSE」。専用の遠赤外線アイロンを使って髪に熱を加えることで、トリートメント成分が溶け出しピカッと光るツヤを生む。持続性が高く、自宅でアイロンをあてることでも内側から輝くようなツヤを再現できるのがうれしい。電解分解した水でキューティクルをやわらかく整えるので、髪のまとまりも格段に上がる。ハイダメージの髪やごわつきのある髪、これまでのトリートメントで期待するようなツヤが得られなかったという人に試してほしい。

DATA

03-6447-0293
http://www.classaoyama.com/
東京都港区南青山2-12-15
南青山二丁目ビル 3F
月曜
11:00～21:00　土 10:00～20:00
日・祝 10:00～19:00
@assort.aoyama

▶ 完全予約制、英語対応可

BEAUTRIUM 七里ヶ浜

ビュートリアム シチリガハマ

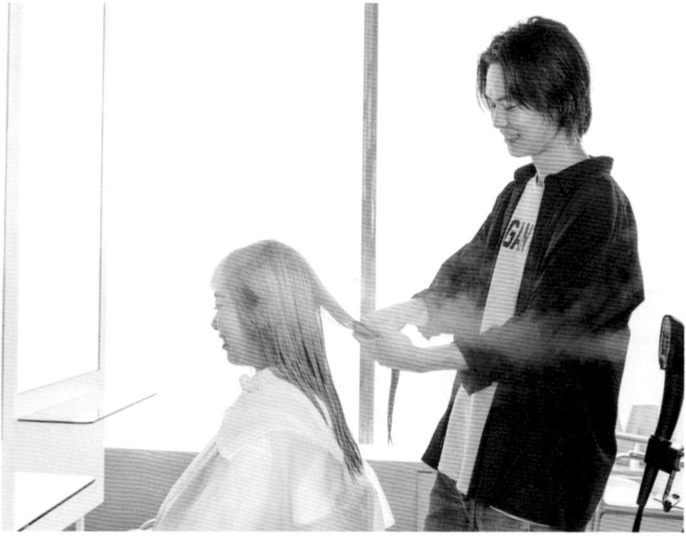

スチームをあて髪をやわらかくすることで、トリートメントがぐんぐん浸透していく。窓からの眺めも最高だ。

目の前に広がる海を見ているだけで癒やされる、ぜいたくな空間が自慢のBEAUTRIUM七里ヶ浜。数々のおしゃれヘアが生まれる地で今イチオシなのが「TOKIOハイパートリートメント」だ。カラーやパーマを繰り返した髪、ブリーチ毛、パサつき、まとまりのなさに悩むお客さまから圧倒的な支持を得ている。特徴は、髪に栄養を入れ込む前に浸透しやすい土壌を徹底的につくること。下地を整える2種類のスプレーに加え、スチームをあてることで髪がやわらかくなり、薬剤の浸透率がグッと上がるのだ。トリートメントを塗布するときにもポイントがある。それは叩き込むこと。補修成分を含んだクリーム状のトリートメントをトントンと叩き込むことで、髪の内部まで成分が満ちていく。結果、これまでに体験したことのないもちもちとした質感やコシ、まとまりが叶う。メニューに含まれるホームケアトリートメントを使うと、仕上がりはさらに持続する。グレードの高い「TOKIO リミテッド」も導入。ハイトーンカラーの人でも驚きのツヤとなめらかな指通りが体感できるという。心も髪も癒やされに訪れて。

DATA

0467-39-1201
https://beautrium.com/
神奈川県鎌倉市七里ガ浜1-1-1
WEEKEND HOUSE ALLEY #04
火曜
10:00～19:00
@beautrium_shichirigahama

▶ 予約優先

LOAVE AOYAMA

ローブ アオヤマ

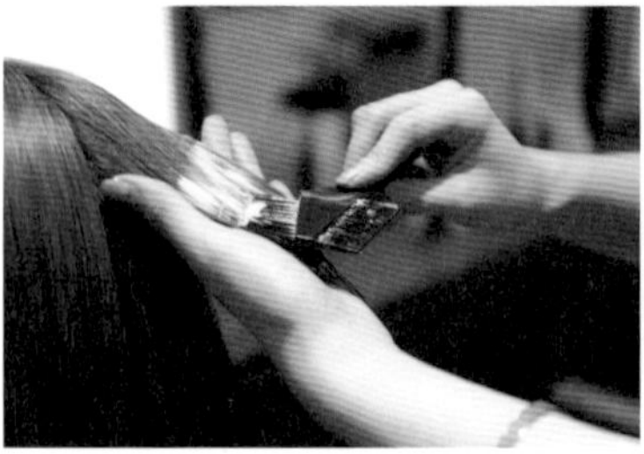

高い補修、保湿効果のあるTOKIOリミテッド。1日に何度も髪を叩く作業をするので、スタッフの手が赤くなることも。

外国人のようなやわらかな質感と、透明感あふれるカラーが人気のLOAVE AOYAMA。シンプルなのに心奪われる、唯一無二のヘアデザインはいい素材があってこそ生まれるもの。おしゃれなヘアに注目が集まりがちだが、透き通るような髪色はダメージを最小限におさえたカラー技術にあり、さらにいえば素髪の質を向上させる高品質のトリートメントにある。ナチュラルな毛流れが決め手になるスタイルが多いからこそ、人工的につくったようなツヤではなく、髪の内部からしっかりと補修することで生まれる自然なツヤが欲しいと「TOKIOトリートメント」を採用。以前はレベル違いで3種類用意していたが、今は一本化し「リミテッド」のみを扱っている。というのも、本当にいいものをお客さまに提供したいからだ。ハイスペックだけに価格も上がるが、ていねいなカウンセリングと説明力により納得して施術を受けてもらっている。週末のサロンではパンッ、パンッと髪を叩く音が響き渡る。薬剤を髪に浸透させるときの音だ。はじめは驚くが、あちこちから聞こえてくるこの音が心地よくなっていく。上質な美髪とともに音も楽しんでほしい。

DATA

- 03-6427-7340
- https://loave-hair.com/
- 東京都渋谷区神宮前5-45-8 3F
- 火曜
- 11:00～20:30
  土・日・祝 10:00～19:30
- @loave__official

▶ 完全予約制

LONESS omotesando

ローネス オモテサンドウ

人気メニューのひとつ「TOKIOトリートメント」。髪の内部から補修し、強い髪を育む。

店名の「LONESS」は「Love & Kindness」を組み合わせた造語。愛と優しさを持ってお客さまの“なりたい自分”を叶えてくれるサロンだ。オンリーワンの“なりたいスタイル”を叶えるために、カットやカラー、パーマの技術だけでなく髪や頭皮のケアにもこだわりを持ち、知識と技術のアップデートに余念がない。お客さまの髪悩み、髪質に合わせたトリートメントを提供できるようメニューも豊富にそろえている。oggi ottoと公式提携して開発した「oggiハイエッセンスケア」はLONESSでしかできない世界初のケアメニュー。メディカル志向のアイテムを使い頭皮の汚れをしっかりと落としたあとは、頭と首の心地いいマッサージが待っている。専門のケアリストによる1日3名限定という貴重なケアは、一度は経験したいものだ。また、都内でも限られた店でしか体験できない「ハイパーTOKIOトリートメント」も導入。髪の内部を補強するので、芯のあるしなやかさが手に入る。髪質改善やヘッドスパも人気のメニュー。髪への愛情を感じられるていねいな施術、心地いいサービスと空間で心も癒やされること間違いなしだ。

DATA

03-5413-7928
http://loness.jp/
東京都港区南青山3-15-6
ripple square D2F
火曜・第2月曜
11:00～21:00　木 11:00～20:00
土 10:30～20:00
日・祝 10:30～19:00
@loness0301

▶ 完全予約制

Luxe

ラグゼ

スチームで髪をやわらげ、薬剤を浸透しやすくする。遠赤外線をあて、さらに浸透させつるつるに。

「ヘアドクターでありヘアクリエーターでありヘアデザイナーである」というコンセプトを掲げ、お客さまのイメージやライフスタイルの幸せを叶えてきたLuxe。お客さまが抱えている髪のコンプレックスを解消するべく、常に最善のケアを選択。スタッフ全員が豊富な薬剤知識をもち、毛髪診断、ケミカルプロセスをしっかりと組んだ中で施術を行っているので安心してまかせることができる。クオリティの高いメニューが充実しているなか注目したいのが「プレミアム＋αトリートメント」だ。全国の美容室の0.1%ほどしか施術ができない、まさにプレミアムなトリートメント。使用するケラチンが10種類に増え、高濃度化。髪の芯からベースをつくり直し、髪の強度を回復させる画期的なトリートメントでダメージがなかったかのようにつるんとした仕上がりに。朝のスタイリングが格段にラクになるとお客さまの満足度も高く、すでにトリコになっている人も多いのだとか。話題の髪質改善メニューとして「ストラクチャーコントロール」や、「高濃度水素ミネコラトリートメント」も引き続き人気。髪への関心が高まっている時代だからこそ、極上のケアで美髪を目指したい。

DATA

03-5414-5588
http://www.luxe-net.com/
東京都港区南青山4-21-23
宮田ビル B1
月曜・第1・第3火曜
火・木 11:00～20:00
水・金 11:00～21:00
土 10:00～20:00
日・祝 10:00～18:00
@luxe_hair_salon

▶ 完全予約制

MINX 銀座店

ミンクス　ギンザテン

髪に付着した不純物を最新技術で除去した後、数種類の薬剤を塗布。1秒間に数十万回の振動を起こす超音波で浸透を促進。

「より良いヘアスタイルをつくる上で、髪のコンディションは基礎となる」という考えのもと、ケア技術を極めることに余念がない。サロン内のケアチームが、さまざまなトリートメントを実際に使用して効果を検証し、本物志向のお客さまを満足させられると判断されたものだけを採用しているという。トリートメントの種類は豊富で、担当者が髪のコンディションを見極めて提案する。サロントリートメントをしても効果が続かない、納得のいく仕上がりにならないという人に試してほしいのが「MINXスペシャルトリートメント」。特許成分を含む12種類の補修成分を塗布し、超音波アイロンでプレスして浸透させる最先端トリートメントだ。髪の芯を整えてから保湿や補修成分をチャージ。毛先までしなやかにまとまる髪が叶うのだ。10種類以上の薬剤を使うため、スピードが命。ケアチームリーダーのもと、スタッフ教育に力を注いでいるからこそお客さまに安心感を与える技術を提供できる。ヘッドスパメニューもあるが、通常のシャンプーもマッサージ技術を取り入れているので思わずウトウトしてしまう心地よさ。日々の疲れを癒やすには最適だ。

DATA

03-5159-3838
https://minx-net.co.jp/
東京都中央区銀座2-5-4
ファサード銀座 2F・7F
火曜
11:00～20:00　金 12:00～21:00
土・日・祝 10:00～19:00
@minx.hairsalon.official

▶ 完全予約制、個室あり

natura

ナチュラ

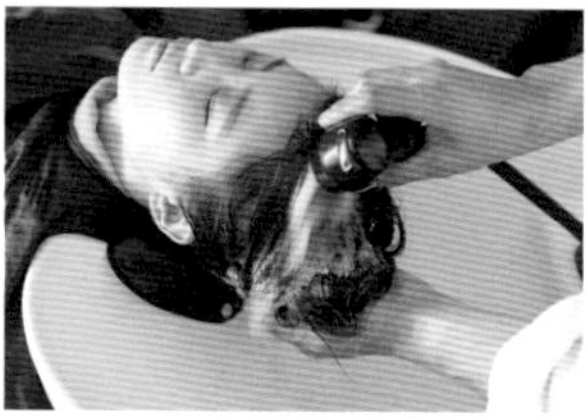

ローラーボールで20分間熱を加える。仕上がりは、サラサラ&ハリのある手触りになる。

表参道にありながら、まるでリゾート地にいるような開放感が魅力のサロン。SNSでも話題になっているのが、都内でも限られたサロンでしか受けることのできない「ビーナストリートメント」。ニューヨークとソウルのサロンで大ヒットしたトリートメントが2018年に日本に上陸した際、いち早く取り入れたという。トリートメントの原材料には水を一切使わず、アロエベラ果汁と濃度の高いオーガニックのケラチンを使用。基準の厳しいことで知られるアメリカのオーガニック認証を受けたケラチンが配合されているため、成分までこだわりたい派にも安心して受けてもらえるのが特徴だ。エキスパートコースはヘアエステのごとく約2時間かけてじっくりと行われる。熱をしっかりと加えることで浸透がよくなり、キューティクルそのものが修復されるため、効果は約2カ月間続く。カラーを繰り返したダメージ毛、髪のハリやコシがなくなってきたエイジング毛など幅広い悩みに対応でき、自然なボリュームとまとまりを実現。そのほか、スカルプやアンチエイジングに特化したメニューにも定評あり。ずっと触っていたくなる髪を体験して。

DATA

03-6427-4742
http://naturatokyo.com/
東京都港区南青山5-2-15
ヴィオレ南青山 2.5F
第3月曜、火曜
10:00～19:00
水・金 12:00～21:30
木・土 10:00～20:00
@natura_official

▶ 完全予約制

NORA HAIR SALON

ノラ ヘアーサロン

うるツヤ髪になれると評判の「TOKIOトリートメント」。カラーを繰り返した髪にぴったり。

心地いい素敵なヘアデザインは健康な髪があってこそ完成されるもの。そこで、NORAではカラーやパーマによるダメージを最小限におさえるだけでなく、お客さま一人一人の髪の状態に合わせたトリートメントメニューを提案している。ハイライトやブリーチの人気が高まっている今、髪のケアに力を注いでいる人も多い。そんなニーズにぴったりなのが「TOKIOトリートメント」だ。ハイダメージの髪でもみずみずしくなめらかな髪に生まれ変わる。TOKIOトリートメントだけでいくつものメニューがあるので、予算や髪悩みに合わせて相談してほしい。忙しくて時間がないという人は10分で髪が変わるという「クイックトリートメント」もあるので安心だ。髪の質を変えるには頭皮環境も大切。ヘッドスパやスキャルプトリートメントで毛穴の汚れや頭皮に残った古い角質をしっかりと取り除いてくれるメニューも充実。シャンプー台は首や腰に負担がかからない特注品で、マッサージとの相乗効果でついつい夢のなかへと誘われてしまう。月に1回、保育士による託児サービス「ママサロン」を実施。子育て世代でもキレイになる時間が楽しめる。

DATA

03-6419-9933
https://nora-style.com/nora/
東京都港区南青山5-3-10
FROM-1st BF
不定休
11:00～21:00　土 11:00～20:00
日・祝 11:00~19:00
@norahairsalon

▶ 完全予約制

OCEAN TOKYO

オーシャン トウキョウ

男女ともにリピート率の高いTOKIOトリートメント。スチームをあてながら、数種類の薬剤を塗布。施術後の髪は驚くほどさらさら。

メンズ美容界に新風を巻き起こしているOCEAN TOKYO。常に新しいカタチを創造し続け、髪型を通じてお客さまの人生を豊かにするサポートしている。オリジナルのホームケアやスタイリング剤を開発し、日常生活もサポート。美容師目線とお客さまの声をもとに生み出されるプロダクトは、高い品質と使いやすさから爆発的人気に。もちろんサロンケアでもハイスペックなトリートメントを採用。お客さまはブリーチやパーマ率が高く、髪ダメージを抱えていることからトリートメントの利用者も多いのだ。薬剤が進化していてもブリーチをするとどうしても髪が傷んでしまう。そうするとパーマがかかりにくくなるのだが、TOKIOトリートメントでケアすることでパーマのダメージを軽減することができる。髪の芯から修復してくれるので、髪自体が強くなるからだ。お客さまが望む理想のスタイルを実現する手助けになっているのが、トリートメントというわけ。本店は女性のお客さまも多いので、男女問わずこのトリートメントのリピート率が高い。代表の髙木氏が目指す「髪型で人生を変える」ことは、トリートメント一つにも表れているのだ。

DATA ✂

03-6427-5323
https://www.oceantokyo.com/
東京都渋谷区神宮前5-27-7
アルボーレ神宮前 4F
月曜、第2火曜
11:00～20:00
@oceantokyonet

▶ 完全予約制

GINZA PEEK-A-BOO

ギンザ ピーク・ア・ブー チュウオウドオリテン

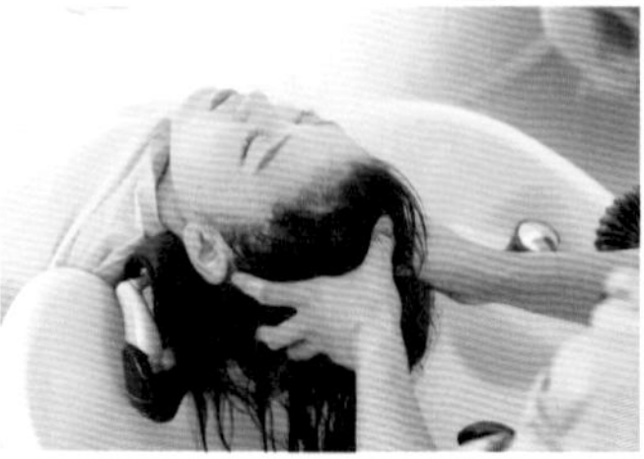

髪のソムリエであるヘアケアマイスターが、頭皮をチェックして解決法を見いだす。スパ専用のブースで、心地いいマッサージタイムを。

中央通り店

「美しいヘアデザインは上質なヘアカットによりつくられる」をモットーに掲げるPEEK-A-BOO。クセなどの髪の悩みは高いカット技術によって解消されるが、お客さまが日常的に扱いやすい髪を生み出す根本的解決策はトリートメントの比重が大きくなる。「予防美容」という視点で髪のケアに臨んでいる。そこで、サロンに常駐する髪ソムリエが、お客さま一人一人の悩みに対応。マイクロスコープを使い、頭皮の状態を細部までチェックし、お客さまと画像を見ながら情報を共有してどのようなケアが必要かを説明していく。トリートメントはオージュア、ケラスターゼ、エステシモ、TOKIO、アヴェダを扱っており、髪の状態に合わせてオリジナルの処方を出すというから驚きだ。全ての薬剤の特徴を把握し、瞬時に組み合わせを考える力は日頃の教育と経験値によるもの。効率よく最適なケアを提供するのが、最大のサービスとなるのだ。リラクゼーション効果の高いヘッドスパもファンが多い。銀座という土地柄もあり、目の肥えたお客さまが多いなか、確かな技術と仕上がりの質から信頼を寄せ、コロナ禍のなかでも客足が途絶えることはない。

DATA

03-3562-8860
https://www.peek-a-boo.co.jp/
東京都中央区銀座2-6-16
ゼニア銀座ビル 10F
月曜
10:00～20:00
日 10:00～19:00
@peekaboosalonsofficial

▶ 完全予約制

S.HAIR SALON

エス ヘア サロン

手触りのいい髪に導く「テクスチャーコントロール×ミネコラ」（上・中）。大人の髪悩みには「コアミートリートメント」（下）。

やわらかな日差しがたっぷりと降り注ぐ大人の隠れ家的サロン。毎日でも訪れたくなる居心地のいい空間は、オーナー・植田氏のこだわりが詰まっている。世界を旅するなかで「この雰囲気いいな」というものを取り入れ、「こんな美容室で働きたい」と思える理想のカッコいいサロンを叶えたのだ。サロンにいるとまるで友人宅を訪れたような感覚だが、トリートメントやヘッドスパの施術を受けるとよりアットホームな温もりを感じる。再現性の高いデザインは、美しい髪づくりからはじまっているという考えのもと、薬剤の開発にも携わっている。そのひとつ「コアミートリートメント」は、加齢によるボリューム不足やパサつき悩みを改善してくれるもの。弱くなった髪の芯にアプローチし、髪の密度を高めてまとまりや潤いをキープできるようにするのだ。まさに髪のコア（芯）を強化するケア。髪悩みのトップにくるうねりや広がりには「テクスチャーコントロール×ミネコラ」もおすすめだ。髪質をコントロールしつつ、高濃度水素で髪内部の水分量を高めて素髪でも自信が持てるツヤを叶えてくれる。妥協を許さない髪へのこだわりを体感して。

DATA

03-6419-3567
https://www.s-tokyo.net/
東京都港区南青山5-4-3
南青山イズミビル2F
火曜
10:00～19:00　木 10:00～21:00
金 12:00～21:00
土・日・祝 10:00～19:00
@s.hairsalon

▶ 完全予約制

salon dakota

サロン　ダコタ

シャンプーで素髪に戻したらミストを吹きかけ、この後に使う薬剤の浸透をよくする。基本は4剤使い、手触りのよいツヤ髪に整える。

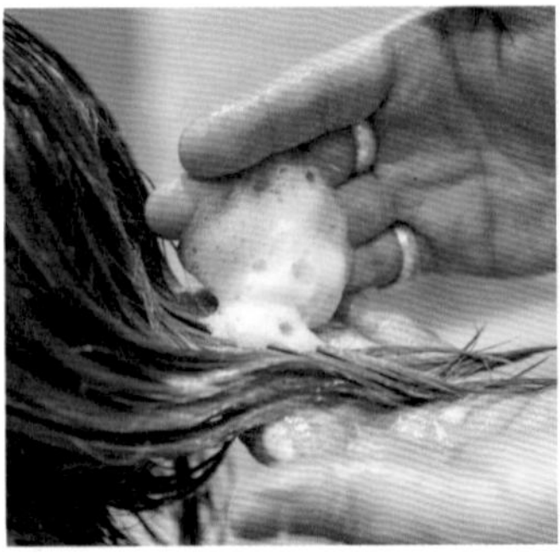

ハイセンスで、今までにないカラーを生み出し続けているsalon dakota。発色のよさやデザイン力が映える美髪ケアにも力を入れている。全スタッフがトリートメントの重要性を理解し、お客さまに的確にカウンセリングを行い満足度の高い技術を提供。これまでの美容人生のなかで自分の期待をいい意味で裏切られたほどの出会いだったと小谷氏が語るのは「TOKIOトリートメント」。手触り、素髪感、耐久性の長さ、どれをとってもトップクラスだという。パーソナルなケアに特化しているオージュアもサロンの主力メニューだ。ブランド認定のソムリエが、髪と地肌の状態を診断し、10種類以上あるラインから最適な薬剤の組み合わせをセレクト。シャンプー後にミスト、クリーム、泡の薬剤を塗布し、髪の内部を補修。一度トリートメント剤を流したら、最後の薬剤をつけてさらに流して乾かすだけ。熱を加えたり、アイロンでのばすこともないので髪への負担も少なく済むのが特徴のひとつ。髪の主成分であるタンパク質を強化することでしなやかな弾力が戻り、動きのあるスタイルもサマになる。透明感あふれるカラーと美髪を手に入れるならココに決まりだ。

DATA

03-3499-5055
https://www.salon-dakota.com/
東京都渋谷区渋谷1-15-8
宮益O.Nビル 1F2F
火曜
10:30～14:00/15:00～20:30
土・日・祝 10:00～19:00
@salondakota

▶ 完全予約制

SINCERELY

シンシアリー

月の満ち欠けと体のバイオリズムに着目した「ハーブクレイピーリングスパ」。植物のパワーを最大限に生かして頭皮と髪の活力を取り戻す。

南青山の裏路地にたたずむ、オーガニックヘアサロン＆スパSINCERELY。サロンに一歩足を踏み入れると、心安らぐアロマの香りが体を包んでくれる。都会にいることを忘れそうなほどゆったりとした空気が流れるなか受けられるのが、イタリアの「ORGANIC WAY」製品を使ったヘッドスパだ。月の満ち欠けサイクルに合わせてエッセンシャルオイルをブレンドするのが最大の特徴。植物とクレイのみで作られた100%ピュアなピーリングパウダーにエッセンシャルオイルを加えて頭皮をマッサージ。古い角質を落としながら、ストレスや血行不良でかたくなった頭皮をやわらげイキイキとした頭皮に導く。2020年夏からスタートしたのは「SHIGETA バイタリティアロマヘッドスパ」。パリ発のオーガニックコスメ「SHIGETA」のエッセンシャルオイルを使用。頭皮にはローズマリーやセージなど12種類をブレンドし、ぜいたくに50滴も塗布してマッサージ。首肩は2種類のオイルから選び、コリをほぐしていく。疲れ目や顔まわりのむくみ、肩コリが解消され、深い眠りにつくことができると好評価。心地いい香りと熟練の手技に癒やされるはずだ。

DATA

03-3478-5031
https://www.sincerely-salon.com/
東京都港区南青山4-12-1
フェリズ南青山 1F
月曜、火曜
10:00～20:00
土・日・祝 10:00～19:00
@sincerely_hairsalon

▶ 完全予約制

SUNVALLEY

サンバレー

髪の主成分であるケラチンタンパク質を補い、超音波で浸透させる。軽やかでさらさらな仕上がりになる。

ヘア界をリードしてきた朝日光輝氏と渋谷謙太郎氏が代表を務める実力派サロン。地下にあるとは思えないほど開放感があり明るい店内は、シンプルで落ち着ける空間だ。髪をデザインする上で髪のコンディションを整えることは基本中の基本。ヘアケアにおいても常に新しいものを追求し、そのときにできるベストをつくすからこそ著名人からの信頼も厚い。的確な毛髪診断で導き出す“オーダーメイドのトリートメント”で、スタイルが崩れにくいと評判だ。髪一本一本をしっかりと補修しながら、軽やかに仕上げる「TOKIOハイパーインカラミ超音波」は、どんな悩みにも対応できるオールマイティなケア。かたい髪でもやわらかい髪でもさらっとした質感に導いてくれる。うねりや表面のちりつきに悩んでいるなら「髪質改善ケラチントリートメント」をおすすめしたい。ごわつきや広がりがウソのように改善され、なめらかでまとまりのいい髪質に変化するのだ。シャンプー台で行う手軽なトリートメントやヘッドスパも人気。撮影で酷使した髪のケアにタレントやモデルたちもこぞって訪れるというトリートメントの実力は、一度体感する価値あり。

DATA

03-6427-3807
https://sunvalley.tokyo/
東京都港区南青山5-2-12 B1
火曜、第2・第4火曜
11:00～21:00　木 10:00～19:00
土 10:00～20:00
日・祝 10:00～18:00
@_sunvalley_

▶ 完全予約制、個室あり

SYAN

シアン

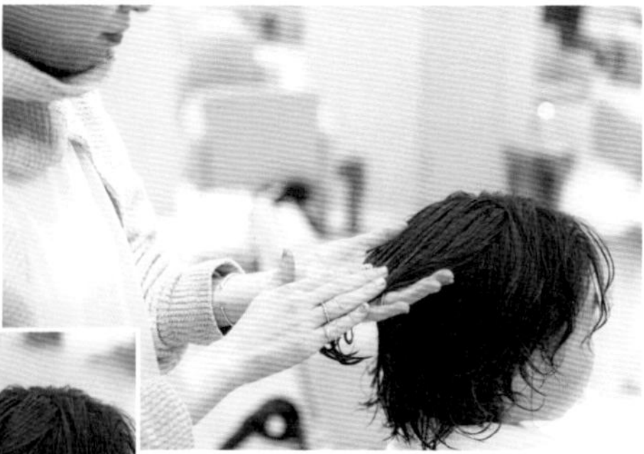

仕上がり、持続性を考えると「TOKIOトリートメント」を勧めることが増えた。髪を叩いて振動を与えることで薬剤が反応する。

地下とは思えないほど明るく、クリーンな雰囲気の店内。女性スタッフならではの視点で、ライフスタイルや今の気分にマッチしたトータルでの似合わせを得意とするサロンだ。サロンを訪れた日の仕上がりだけでなく、1〜2カ月先までを見据えたデザインづくりにも定評がある。やわらかさをベースにしたスタイルをつくるために最も重視しているのが､質感だ。その質感をコントロールするためには、トリートメント選びが重要だという。修復や保湿効果が高いものを使えばいいというわけではない。ふわっとしたエアリーな動きが欲しいのに、しっとりとした質感に仕上げてしまっては意味がないのだ。なぜそのトリートメントを選んだのか、お客さまにもきちんと道筋を伝え理解してもらうことも大切にしている。たとえお任せであっても、押しつけるのではなく理論的な説明があることで信頼が生まれるのだ。SYANが今、信頼を寄せているトリートメントの一つが「TOKIO」。ここ数年のトレンドであるハイトーンやハイライトで傷んだ髪の救世主だという。ヘアデザインと質感がフィットするように、薬剤の選定には人一倍こだわりを持って臨んでいる。

DATA ✂

03-5772-1090
https://syan-tokyo.com/
東京都渋谷区神宮前4-13-9
表参道LHビル B1
火曜、第1・第3月曜
11:00〜20:00
@syan_tokyo

▶ 完全予約制

uka 丸の内KITTE店

ウカ マルノウチキッテテン

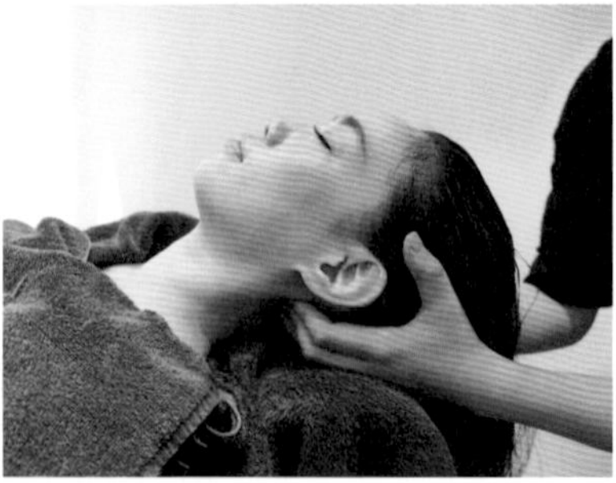

スパニストによる熟練の技が光る。「uka HBD Head Spa」で使用するミストは体調や気分に合わせてセレクト。

ukaはさなぎが蝶になる「羽化」のこと。蝶のように美しく輝く人たちを世の中に増やしたいという思いから名づけられた。ヘアケアだけでなくネイルやアイラッシュも同時にできるトータルビューティサロンとして、忙しいオフィスワーカーから支持を得ている。施術によってブースが異なり、席間隔もゆったりとしているので安心だ。ヘアスタイリストとヘッドスパスペシャリストと分業となっており、より専門性の高いスタッフが施術を行ってくれる。ヘアフロアで行うトリートメントは髪悩みや仕上がりに合わせて種類豊富にラインナップ。2019年春からスタートしたヘッドスパメニュー「uka HBD Head Spa」は、体調や気分に合わせて3種のオイルからセレクト。手技もオイルに合わせて異なるというこだわりぶり。頭皮のクレンジングとデコルテまわりをしっかりほぐす「happy work spa」は、丸の内で働く女性たちから"ごほうびスパ"として好評だ。スパルームに高濃度温泉ミスト発生装置を導入。都会にいながらミネラルたっぷりの温泉ミストを体感できる新メニュー。2種類以上の施術を同時に行うとお得になる平日KITTEクロス割も見逃せない。

DATA

03-3217-2011
https://www.uka.co.jp/
東京都千代田区丸の内2-7-2
JPタワーKITTE 3F
元日
11:00～20:00
@instauka
@ukacojp

▶ 完全予約制

INDEX

※本書の掲載順に関して、カット部門は美容師の五十音順、パーマ、カラー、トリートメント&スパ部門は美容室のABC順で掲載しています。
※掲載されている情報は、2020年11月30日現在のものです。営業時間、定休日等は直接サロンにお問い合わせください。

Cut ✂✂✂

朝日光輝（SUNVALLEY） P14
岡村享央（MINX） P40
川島文夫（PEEK-A-BOO 青山） P58
川畑タケル（BEAUTRIUM 七里ヶ浜） P60
中村章浩（ABBEY2） P128
奈良裕也（SHIMA HARAJUKU） P132
宮村浩気（AFLOAT） P166

Cut ✂✂

板倉充（Luxe） P28
伊東秀彦（PEEK-A-BOO 原宿） P30
伊輪宣幸（AFLOAT JAPAN） P32
大川英伸（Praha） P38
河野悌己（GARDEN Tokyo） P70
渋谷謙太郎（SUNVALLEY） P94
太市（Side Burn） P98
高木裕介（U-REALM omotesando） P100
髙田幸二（air） P102
田中衛（NORA Journey） P104
田中幸広（PEEK-A-BOO 青山） P106
塚本繁（K-two 銀座） P110
鳥羽直泰（VeLO） P118
豊田永秀（STRAMA） P122
VAN（Cocoon） P144
堀江昌樹（JENO） P152
松永英樹（ABBEY） P160
山田千恵（DaB daikanyama） P174

Cut ✂

饗場一将（K-two 銀座） P8
赤松美和（VeLO） P10
阿形聡美（NORA Journey） P12
有村雅弘（imaii） P16
安齋由美（CHAUSSE-PIED EN LAITON） P18
飯田尚士（Belle） P20
池戸裕二（MINX 銀座五丁目店） P22

石川ヒデノリ（suburbia） P24
磯田基徳（siki） P26
上田竜二（THE REMMY） P34
エザキヨシタカ（grico） P36
奥山政典（BEAUTRIUM Aoyama St.） P42
小田嶋信人（ABBEY） P44
小村順子（ACQUA omotesando） P46
kazu（CARNIVAL） P48
片山良平（LONESS omotesando） P50
金子史（AFLOAT D'L） P52
金田和樹（SHIMA DAIKANYAMA） P54
金丸佳右（air-AOYAMA） P56
神能裕貴（SHIMA HARAJUKU） P62
菊地佑太（ABBEY GINZA） P64
久保雄司（SIX） P66
熊谷心（Salon 銀座） P68
小谷英智香（salon dakota） P72
小林知弘（kakimoto arms 青山店） P74
小松敦（HEAVENS） P76
小松利幸（ANTI） P78
雑賀英敏（TONI&GUY） P80
坂狩トモタカ（SHEA） P82
坂巻哲也（apish） P84
SAKURA（Cocoon 表参道） P86
サトーマリ（siika NIKAI） P88
澤野秀樹（ANNE.） P90
設楽雅貴（FILMS GINZA） P92
菅野太一朗（LANVERY） P96
CHIKA（artifata） P108
津崎伸二（nanuk） P112
時枝弘明（stair:case） P114
歳嶋建国（MINX 青山店） P116
土橋勇人（DIFINO） P120
長門政和（air-GINZA） P124
中野太郎（MINX 銀座二丁目店） P126
NATSUMI（ALBUM SHIBUYA） P130
西本昇司（BRIDGE） P134
野口和弘（CIECA.） P136
野々口祐子（SYAN） P138
NOBU（ALBUM SHINJUKU） P140
馬場一馬（ICY） P142
広江一也（NORA HAIR SALON） P146
福井達真（GINZA PEEK-A-BOO 並木通り） P148

堀内邦雄 P150
（GINZA PEEK -A-BOO 中央通り）
堀之内大介（Belle） P154
本田治彦 P156
（LONESS omotesando）
増田一寿 P158
（SENSE OF HUMOUR）
三笠竜哉（Tierra） P162
みやちのりよし P164
（SHACHU）
森内雅樹（Un ami） P168
森田怜（C・crew） P170
山岸貴史 P172
（GARDEN New York/GARDEN TOKYO）
悠馬（Dayt.） P176
RYUSEI（Beleza） P178

Cut Men's Style ✂✂✂

髙木琢也（OCEAN TOKYO） P192

Cut Men's Style ✂✂

中村トメ吉（GOALD） P196
西森友弥 P198
（MR.BROTHERS CUT CLUB 中目黒）
三科光平 P202
（OCEAN TOKYO Harajuku）

Cut Men's Style ✂

加藤孝子（ROOTS） P180
KUNI（Men's Lapis） P182
齋藤正太（syn） P184
七五三掛慎二 P186
（OCEAN TOKYO WHITE）
JULIAN P188
（MR.BROTHERS CUT CLUB 原宿2号店）
世良田奏大 P190
（HEAVENS OMOTESANDO）
外山 龍助 P194
（hair make KIDMAN）
畑成美（SARY） P200
安田幸由（MINX 青山店） P204

Perm

AFLOAT XELHA P206
ANTI P208
apish ginZa P210
Cocoon 表参道 P212
LIPPS 原宿 P214
MINX 銀座二丁目店 P216

INDEX

nanuk shibuya P218
OCEAN TOKYO P220
SHEA P222
stair : case P224
ZACC P226

Hair color

air-AOYAMA P228
Beleza shibuya P230
bloc japon P232
CALON 銀座 P234
CANAAN 表参道 P236
DaB omotesando P238
dakota racy P240
GALA P242
kakimoto arms 六本木ヒルズ店 P244
NORA HAIR SALON P246
SHACHU P248
SHIMA AOYAMA P250
SHIMA HARAJUKU P252
suburbia P254
U-REALM omotesando P256
Wille P258
ZeLo P260

Treatment & Spa

AFLOAT JAPAN P262
AMATA P264
apish AOYAMA P266
ASSORT AOYAMA P268
BEAUTRIUM 七里ヶ浜 P270
LOAVE AOYAMA P272
LONESS omotesando P274
Luxe P276
MINX 銀座店 P278
natura P280
NORA HAIR SALON P282
OCEAN TOKYO P284
GINZA PEEK-A-BOO 中央通り P286
S.HAIR SALON P288
salon dakota P290
SINCERELY P292
SUNVALLEY P294
SYAN P296
uka 丸の内KITTE店 P298

✂ Staff

カメラマン
阿萬泰明（PEACE MONKEY）、市田智之、
土屋哲朗、廣江雅美、穂苅麻衣（BOIL）、booro

装丁・デザイン
木村舞子（Natty Works）

校正
若松由美

編集協力
前田起也、岩淵美樹、佐藤友理、島﨑日菜子

KAMI CHARISMA 東京2021 Hair Salon Guide

2021年1月20日　第1刷発行

編　者／KAMI CHARISMA 実行委員会（かみかりすまじっこういいんかい）
発行者／谷岡弘邦
発行所／株式会社CB
〒100-0013　東京都千代田区霞が関3-7-1　霞が関東急ビル4階
電話　03-6205-8448

発売元／株式会社主婦の友社
〒141-0021　東京都品川区上大崎3-1-1 目黒セントラルスクエア
電話　（販売）03-5280-7551
印刷所／株式会社大丸グラフィックス

　ISBN978-4-07-342166-5

■本書の内容に関するお問い合わせ、また印刷・製本など製造上の不良がございましたらCB（☎03-6205-8448）にご連絡ください。
■主婦の友社が発行する書籍・ムックのご注文はお近くの書店か主婦の友社コールセンター（☎0120-916-892）まで。
＊お問い合わせ受付時間　月～金（祝日を除く）9:30 ～ 17:30
主婦の友社ホームページ　https://shufunotomo.co.jp/